A ÁFRICA
E OS AFRICANOS
NA HISTÓRIA
E NOS MITOS

A ÁFRICA E OS AFRICANOS NA HISTÓRIA E NOS MITOS

ALBERTO DA COSTA E SILVA

Editora
Nova
Fronteira

© 2021 by Alberto da Costa e Silva

Direitos de edição da obra em língua portuguesa no Brasil adquiridos pela EDITORA NOVA FRONTEIRA PARTICIPAÇÕES S.A. Todos os direitos reservados. Nenhuma parte desta obra pode ser apropriada e estocada em sistema de banco de dados ou processo similar, em qualquer forma ou meio, seja eletrônico, de fotocópia, gravação etc., sem a permissão do detentor do copirraite.

EDITORA NOVA FRONTEIRA PARTICIPAÇÕES S.A.
Rua Candelária, 60 — 7º andar — Centro — 20091-020
Rio de Janeiro — RJ — Brasil
Tel.: (21) 3882-8200

Dados Internacionais de Catalogação na Publicação (CIP)
(Câmara Brasileira do Livro, SP, Brasil)

Silva, Alberto da Costa e
  A África e os africanos na história e nos mitos/Alberto da Costa e Silva. -- 1. ed. -- Rio de Janeiro: Nova Fronteira, 2021.
  208 p.

  ISBN 978-65-56402-43-7

  1. África - Civilização 2. África - História 3. Cultura africana 4. Mitologia africana I. Título.

21-59221   CDD-960

Índices para catálogo sistemático:
1. África : História 960
Aline Graziele Benitez - Bibliotecária - CRB-1/3129

SUMÁRIO

Sobre a história da África, 7

Espelho frente a espelho, 15

Africanos no Brasil, 21

Cartas de um embaixador dos reis do Benim e de Onim, 27

José Bonifácio e o curso do Níger, 39

Os iluministas, os africanos e a escravidão, 69

Para uma história comparada da escravidão, 81

Memória sobre o reino do Daomé, 91

O rei, o pai e a morte, 141

O escravo nos anúncios de jornal, 145

Estrangeiros no Brasil, estrangeiros na África, 155

Os *agudás*, 163

A África de D. João, 173

O comércio do Brasil com a África nos tempos de D. João, 177

A África de Jorge Amado, 183

Um ABC da escultura africana, 189

O império, por despedida, 199

Lagos, Nigéria, 205

SOBRE A HISTÓRIA DA ÁFRICA

Há mais de sessenta anos, voltei os meus olhos para a África. Do meu jeito. Pois, um dos últimos representantes da moribunda e perigosa nação dos autodidatas, não quis senão ser isto: um diletante, um amoroso da história africana, educado na voracidade das leituras.

Talvez me coubesse contar que, no início, queria estudar a África a se desenrolar no tempo para tentar compreender melhor a formação do Brasil. Estudar, por exemplo, a metalurgia tradicional africana para verificar de que regiões recebemos os fornos mais antigos para a produção de ferro no Brasil. Comparar os nossos quilombos com os que, já no século XVI, André Álvares d'Almada descreveu na Alta Guiné, e as técnicas de guerra nas florestas e nas savanas lá e cá. A África ajudava a explicar o Brasil.

Não tardou muito, porém, para que me fascinasse a África como África ou, melhor, as várias Áfricas e suas relações com os diferentes quadrantes do mundo. Assim como se estudam a Grécia clássica e o Renascimento italiano, deveríamos estudar a Núbia, o império do Mali e o reino de Ifé. Conhecer a África e a sua história pelo prazer intelectual de conhecê-las. Pela alegria de sistematicamente descobri-las.

Eis que, de repente, do livro que leio, vejo sair, de turbante e roupa bordada com fios de ouro, e o nariz, a boca e o queixo cobertos por um véu, o *negachi* ou imperador da Etiópia, protegido por um enorme guarda-sol carmesim e precedido por músicos tocando tambores, flautas e trombetas. À frente, fâmulos conduzem quatro leões em suas trelas. O *negachi* segue para a sala de banquetes e senta-se num tamborete revestido de ouro, diante de uma grande mesa repleta de numerosos e variadíssimos pratos, tendo à sua direita os principais cortesãos e clérigos e, à esquerda, as princesas reais. Ao terminar de comer, os convidados levantam-se e saem da sala. Os lugares vão ser então ocupados por uma nova leva de pessoas, de nível inferior ao do primeiro grupo. Essas, por sua vez, são substituídas por seus subordinados. Esse novo grupo, composto também pelas crianças filhas dos militares que serviam no palácio, comia de pé. E de pé se serviam igualmente os que vinham em seguida, os soldados de menor grau. Finalmente, os serviçais e os guardas recolhiam e levavam para casa o muito que sobrava.

Esta cena da refeição do *negachi* Bekaffa (1721-1740), que, se fosse do Medievo europeu, teria encantado o Henry Adams de *Monte Saint-Michel e Chartres* e o Iohan Huizinga de *O Outono da Idade Média*, consta de uma crônica escrita na metade do século XVIII, em gueze ou geez, no alfabeto desse antigo idioma africano — e faz parte de uma das muitas vidas de imperadores e santos etíopes que se preservaram até os nossos dias, várias delas traduzidas para a nossa língua pelo oficial do exército português Esteves Pereira. No início do Seiscentos, o Padre Pero Paes teve acesso a um número muito maior de relatos como esses e com eles produziu a sua quase mágica *História da Etiópia*.

Umas das minhas primeiras surpresas como leitor foi perceber que, na África Negra tida por ágrafa, havia, antes da impregnação europeia, livros de história, escritos por africanos, em árabe ou em sua língua materna, usando o alfabeto árabe — a aljamia —, narrando os sucessos que haviam presenciado e aqueles que a tradição preservava ou os bardos evocavam de um passado recente ou distante. Como a *Crônica de*

Quíloa, da qual teve conhecimento, como se mostra no capítulo VIII da *Primeira Década da Ásia*, o grande João de Barros. Alguns desses textos históricos, produzidos nas regiões que cedo sofreram o influxo do Islame, como o Sael e o litoral africano do Índico, são pouco mais do que listas de soberanos ou relatos muito concisos, ainda que com informações preciosas, como o *Divã dos sultões de Bornu*, em cujas poucas páginas os sucessivos cronistas reais foram registrando, a partir possivelmente do século XVIII, os principais acontecimentos desde o início do segundo milênio até 1808.

Quando, no *Divã*, se chegar ao reino de Ídris Aloma, mude-se de texto, para se deixar seduzir pelas descrições, que fez em árabe, das campanhas militares do famoso sultão do Quinhentos, o seu conterrâneo e contemporâneo, o grande imame do Bornu e erudito Ahmad ibn Furtu (ou Fartua). Numa das guerras de Ídris Aloma, somos levados até as muralhas, feitas de troncos e barro, da cidade de Amsaca. Como, do alto dos muros, os sitiados lançassem fogo e pedra, lanças e flechas envenenadas, bolas de barros e vasos com excremento a ferver, Ídris mandou construir três torres de madeira e colocou-as em diferentes lados das fortificações inimigas. Do alto delas, os arcabuzeiros podiam atingir com suas balas os adversários, que, para se proteger, não puderam impedir que os bornus chegassem ao fosso que envolvia a muralha, o enchessem de terra e, com machados e enxadas, abrissem brechas na grossa parede.

Nos dois relatos cheios de cor e de vida que Ibn Fartua escreveu, entre 1576 e 1578, sobre Ídris Aloma, ele se reporta, em alguns parágrafos, a fatos ocorridos um ou dois séculos antes. No entanto a sua principal matéria é o seu tempo, os anos em que transcorria a sua vida, tratando de acontecimentos que presenciou ou ouviu de pessoas que deles participaram ou a eles assistiram. O contrário ocorre com quase todas as obras de história escritas em árabe ou em aljamia por africanos, desde o *Tarikh al Fattash*, de Muhamed Kati e Ibn al-Maktar, e o *Tarikh as Sudan*, de Al Sadi, que são do século XVII, até a *Crônica de Lamu,* datada do fim do século XIX ou início do XX, pois se apoiam sobre tradições orais. O mesmo sucederá com as obras escritas em idiomas europeus ou africanos utilizando o alfabeto latino, as quais têm como exemplos maiores *A History of the Yorubas*, de Samuel Johnson, completada em 1897, e *A Short History of Benin,* de Jacob Egharevba, que é de 1934.

A voga das histórias locais — até mesmo de minirreinos —, cheias de prestígio nos últimos anos do Oitocentos e na primeira metade do Novecentos, possibilitou a preservação de um volume considerável de tradições, ainda que imobilizadas em determinado momento e na versão de determinado ancião, chefe de linhagem, linguista de corte ou bardo. Não é infrequente que nesses relatos se entrelacem e até mesmo se confundam o mundo que temos por real e o mundo do mito, e que a magia e o milagre contagiem o quotidiano e sirvam de explicação para o poderio de um povo ou de um líder, como é o caso do *satigi,* ou rei de Futa Toro, Samba Gelaajo Jeegi, que viveu na primeira metade do século XVIII.

A história oral não desmente os documentos franceses em que ele figura, mas assevera que deveu a sua ascensão ao poder, e a permanência nele por mais tempo do que os demais *satigis* de sua época — sempre ameaçados de deposição e morte por outros candidatos ao assento real —, à fama de guerreiro impiedoso, sanguinário e dotado de poderes sobrenaturais. Os seus grigris lhe fechavam completamente o corpo; em combate, nenhuma montaria se comparava à sua égua encantada, e sua espingarda, que não necessitava de ser carregada, jamais errava a mira: bastava tirá-la do estojo para que o adversário caísse morto. Em nenhum dos poemas e racontos que o consagram como o herói mais famoso da Senegâmbia menciona-se que deveu parte de seu êxito à aliança com os marroquinos, franceses e mauritanos, nem que assentava a sua força na preia e comercialização de escravos. Talvez os poderes que o diferençavam dos demais homens lhe tenham sido acrescentados após a morte, mas é possível, e até provável, que, quando vivo, já corresse o seu renome de invulnerável e invencível, e isso tivesse contribuído para acuar os adversários e enfraquecê-los.

A gesta de Samba Gelaajo Jeegi possui um núcleo de verdade histórica. Os relatos dos bardos não alteram a sua linhagem nem o seu percurso como homem do poder: era um fula da família real Denianquê; não era um usurpador nem um arrivista. Se o fosse, os guardiães da história do reino do Futa Toro teriam provavelmente criado uma nova tradição para ajustar o passado à realidade do presente. É da natureza das histórias orais das nações africanas serem parcialmente inventadas e reinventadas com as mudanças de dinastias, e esse processo mereceu a atenção dos primeiros europeus que as recolheram. Era matéria corriqueira de análise — e até mesmo de esforços para descobrir, como num palimpsesto, o relato anterior que modificara ou substituíra — desde quase um século antes do livro sobre a invenção da tradição, de Eric Hobsbaum e Terence Ranger, este último, não por acaso, um africanista.

Tradições de povos negros foram transcritas em várias obras de geógrafos, historiadores e viajantes árabes e arabizados, desde a expansão do Islame, mas sobretudo a partir do século IX. Embora este e aquele autor nos afirmem que o ouro do Gana nascia como plantas na terra, do mesmo modo que as cenouras, e revelem em alguns momentos um excesso de credulidade, os seus relatos sobre a antiga Gana, e não só sobre ela, têm sido parcialmente confirmados pela arqueologia, e esta explicada por eles. Relembro o fascínio com que li Al-Bakri, Al-Umari, Ibn Batuta, Ibn Khaldun, Leão, o Africano. e muitos mais, atentos, curiosos, perscrutadores, assim como a sensação que com eles experimentei de me ver devolvido a um passado que me sabia novo e de cujas formas eu ia me apropriando.

Não estava desamparado nessa empresa, porque trazia comigo o que, sobre época menos antiga, a da expansão oceânica dos portugueses, me ficara da leitura, entre outros, de Zurara, Cadamosto, Duarte Pacheco Pereira, João de Barros e — por que não dizê-lo? — Camões. Em quase todos eles encontrava resumos ou fragmentos da história oral de sociedades sem escrita, registros que se foram multiplicando e se tornando cada vez mais extensos e minuciosos ao longo de quatrocentos anos, nos testemunhos deixados sobre as suas andanças numerosos europeus e americanos, homens de aventura e ciência — viajantes, exploradores, comerciantes, marinheiros, missionários, antropólogos, geógrafos, arqueólogos — nem sempre simpáticos aos africanos e frequentemente preconceituosos, mas que sabiam ver, ouvir e relatar por escrito o que viam e ouviam. Não consigo imaginar que se possa ler sem interesse e emoção Archibald Dalzel, Mungo Park, o padre Vicente Ferreira Pires, René Caillé, Heinrich Barth, Capelo e Ivens ou Leo Frobenius.

Não era só para ajustar o passado às conveniências do presente que se alteravam as tradições. Duas, três ou quatro pessoas que vejam a mesma cena — isto ensinou-nos Pirandello em *Cosi è (si vi pare)* e Akutagawa em *Roshomon* — delas farão relatos diferentes. E estes serão ainda mais discordantes, se pertencerem a distintos grupos ou classes sociais — a versão do criado só raramente se parece com a do patrão —, ou se estiverem em campos opostos. Sempre me perguntei como seria o poema épico do Homero dos troianos, e se estes, em sua *Ilíada*, escorraçavam os gregos.

Sobre determinado fato ocorrido no antigo Daomé, temos de confrontar as versões, separadas pelo tempo e pelas circunstâncias, de William Snelgrave, Robert Norris, Vicente Ferreira Pires, Melville Herskovits e um escritor contemporâneo, Maurice Glélé. Um ouviu a história de um mercador local; outro, do rei, quando o visitava; outro, de um estrangeiro; outro de um chefe de aldeia; e outro cresceu com ela, por pertencer à família real. Tenho por todas essas versões estima semelhante e, como em nenhuma se negue o fato, nelas procurei as parecenças, para, sabendo o que possivelmente aconteceu, tentar gizar por que e como se teria dado.

Um cabeça de linhagem que narra a um pesquisador um pedaço da história oral de seu povo ou lhe explica uma cerimônia pode ser tentado a dar galas ao que diz, a omitir o que tangencia o sagrado ou dar nova medida ao que acredita poderia apequenar o seu povo. Por sutil inteligência e um gosto fino de agradar, o informante pode — qual teria sucedido com Ogotemmêli em suas conversações com Marcel Griaule sobre a cosmologia dogon — ir dizendo o que, encaminhado pelas perguntas que lhe são feitas, imagina o que o interlocutor deseja ouvir.

Há outras espécies de impurezas. Uma das menos incomuns é o predomínio excludente na história oral de um grupo, que, sendo ágrafo, está em contacto com estrangeiros que dominam a palavra escrita, de uma versão recolhida, ou até mesmo parcialmente inventada, por um visitante e impressa em livro. Volta ela do texto à sua origem oral como se fosse a única, minimizando ou anulando todas as demais.

A imprecisão e volubilidade das tradições orais não impedem que estas sejam a fonte mais importante para a reconstrução histórica dos povos que eram ágrafos. Da maior parte da África, portanto. Elas merecem cuidado no trato, como também, de resto, os documentos escritos, os quais, embora pareçam neutros, são quase sempre parciais e, como sucede com as tradições orais que a memória coletiva guarda e altera, também mentem, dissimulam, calam e iludem, além de serem lidos de modo distinto de geração em geração.

Acresce que a esmagadora maioria dos documentos relativos à história africana existentes nos arquivos da Europa, das Américas e da própria África refere-se a experiências dos europeus, dos brasileiros e norte-americanos no continente. São documentos sobre a história dos estrangeiros na África, dos quais aprendemos a desentranhar a história dos povos africanos. Os documentos africanos anteriores à colonização ou delas contemporâneos são relativamente poucos. Alguns, como os dos Arquivos de Estado dos Dembos, em Angola, felizmente têm sido bem estudados. Mas o arquivo do reino do Congo perdeu-se, e o do sultanato de Sokoto continua fechado aos investigadores.

É uma experiência fascinante ler, virando-o pelo avesso, o relatório de um funcionário colonial europeu sobre o seu primeiro encontro com um potentado africano, e imaginar como este veria aquele, a medir-lhe, além do mau odor — o europeu não tomava banho a não ser raramente —, a insensatez, a ignorância e a dureza de inteligência, que o fazia cometer, aos olhos do africano, as maiores abominações e ignomínias.

Talvez eu exagere ao afirmar que é por isso mesmo que a história, e não só a história da África, me apaixona: por não ser a simples transcrição de testemunhos e documentos, mas, sim, aproximações imaginadas e hipotéticas de acontecimentos que não presenciamos. Por cima do ombro de todo bom historiador há um ficcionista a lhe falar ao ouvido, e vice-versa. Como refazer por escrito a batalha de Waterloo melhor do que Stendhal? Como ignorar *Guerra e Paz*, de Tolstoi, ao relatar a invasão napoleônica da Rússia? Como escrever sobre as nobrezas, a tradicional e a bonapartista, e a alta burguesia francesa da passagem do século XIX para o XX, sem socorrer-se de Proust? A história que lemos e escrevemos é feita de surpresa, espanto, esperança, medo e sonho (sob a forma ou não de pesadelo). Palavra após palavra, imita a vida.

ESPELHO FRENTE A ESPELHO

Em 1324, durante sua peregrinação a Meca, Mansa Musa, o rei do Mali, na África Ocidental, contou no Cairo que seu antecessor estava convencido de que o oceano possuía, como os rios, uma outra margem e que era possível chegar até ela. Para isso, aprestou duzentas embarcações e mandou-as na direção do ocidente. Só um dos barcos voltou, para contar que os demais tinham sido engolidos pelo mar. Inconformado, o rei ordenou que se preparasse outra frota, de duas mil canoas. E embarcou numa delas. Não se soube mais dele. Se tivesse chegado às praias do outro lado do oceano e delas retornado, teria descoberto a América para o mundo islâmico, como Colombo faria, quase duzentos anos mais tarde, para a Europa cristã.

Poucas décadas se passaram da chegada de Cabral a Porto Seguro, e já desembarcavam em nossas terras africanos escravizados. E o século XVI não terminaria sem que se observasse a presença de caboclos brasileiros no reino do Congo.

Mais depressa do que os homens, atravessaram o Atlântico, e ganharam o interior da África, vegetais levados do Brasil, como o milho e a mandioca, que, na passagem do século XVI para o XVII, começavam a mudar radicalmente a dieta de povos africanos. Em contrapartida, espalharam-se pelo território brasileiro, trazidos da África, entre muitas outras árvores, o coqueiro e a mangueira. E, com essa troca, foram ficando semelhantes as paisagens nas duas margens do oceano.

Em 1641, quando os holandeses, que ocupavam parte do Nordeste do Brasil, enviaram uma esquadra para conquistar Luanda e garantir o acesso à mão de obra escrava, levaram com eles três companhias de "brasilienses", sendo duzentos ameríndios. Já nas expedições saídas do Brasil para retomar Luanda aos holandeses, seguiram não só ameríndios, mas também soldados negros, africanos e crioulos, ou aqui nascidos.

O principal nome da reconquista, Salvador Correia de Sá e Benevides, pertence à nossa história. E nela também figuram com relevo João Fernandes Vieira e André Vidal de Negreiros, que foram governadores de Luanda. Ter experiência brasileira tornou-se quase um requisito para ocupar um cargo de confiança nos enclaves portugueses em Angola.

Da metade do século XVII até a terceira década do XIX, cresceu o número de comerciantes vindos do Brasil que se instalavam em Luanda e Benguela. Com sócios poderosos no Rio de Janeiro, eles ajudavam a controlar o tráfico de cativos e faziam de Angola praticamente uma colônia do Brasil. Algo parecido se passava com Ajudá, onde o forte português de São João Batista dependia do governo da Bahia. Em Ajudá e em várias outras cidades do golfo do Benim, os mercadores oriundos do Brasil juntavam-se em bairros próprios, negociavam diretamente com os reis africanos, envolviam-se na política, tomavam partido nas guerras locais e fundavam novas cidades. Ao contrário do que sucedia em Angola, poucos se tinham por brancos. Muitos eram ex-escravos, e alguns prosperaram no comércio de gente.

Um desses mercadores vindos do Brasil dominou o tráfico no golfo do Benim por quase meio século: o mestiço baiano Francisco Félix de Souza, o Chachá. Grande amigo de Guezo, o rei do Daomé — que ajudou a pôr no trono em 1818 —, tornou-se um dos homens mais ricos de seu tempo. Ao dar-se a independência do Brasil, ele teria oferecido a D. Pedro I, em nome de Guezo, o senhorio sobre o forte de S. João Batista de Ajudá.

Não passou despercebida na África a independência do Brasil. Nas possessões portuguesas de Angola e Moçambique, e com muita força em Benguela, surgiram movimentos favoráveis à união com o Império brasileiro. E pelo menos dois reis africanos, o *ologun* ou rei de Onim, Osinlokun, e seu suserano, o obá ou rei do Benim, Osemwede, enviaram, em 1824, um embaixador ao Rio de Janeiro para reconhecer a independência do Brasil.

As notícias cruzavam, rápidas, o oceano. Em Lagos e em outras cidades da costa africana, comemorou-se a coroação de D. Pedro II, acompanhou-se a guerra do Paraguai e se festejou nas ruas a abolição da escravatura.

Até a I Grande Guerra, quando cessaram as ligações marítimas regulares entre os portos brasileiros e o golfo do Benim, um rei africano podia acompanhar os passos de um adversário político exilado no Brasil, e este, fosse um escravizado ou um homem livre, podia enviar mensagens para seus partidários na África. E não eram raros os chefes africanos que mandavam seus filhos estudar no Brasil. Lembre-se o caso do príncipe de Badagry que, após ter, meninote, estudado durante vários anos na Bahia, regressou à sua terra e se tornou o seu principal chefe, o *jengen*. Em 1782, foi deposto e enviado para o exílio no Brasil, trazendo consigo vinte escravos, para que os fosse vendendo pouco a pouco, conforme suas necessidades.

Pode parecer contraditório que Lagos tenha explodido de alegria, ao saber do 13 de Maio. Mas nela e em outras cidades do golfo do Benim mudara a composição das comunidades brasileiras. Aos traficantes de almas e seus descendentes se haviam agregado, em números cada vez maiores, negros libertos e livres que se sentiram sem futuro no Brasil e decidiram refazer suas vidas na África. Como se haviam tornado mestres de obra, marceneiros, alfaiates e costureiras à europeia ou sabiam ler e escrever, prosperaram ao oferecer seus serviços aos britânicos, franceses e alemães que o colonialismo trazia para a África, e a exportar para o Brasil panos da costa, dendê e noz de cola e dele importar carne seca, tabaco e aguardente. Tornaram-se, assim, protagonistas importantes da formação do que podemos chamar de nova burguesia africana.

O que se passava num lado do oceano muitas vezes repercutia no outro. Como as guerras, os conflitos políticos e as razias eram responsáveis pelo grosso dos escravizados, dos acontecimentos africanos dependiam até mesmo a expansão demográfica e a ocupação do território brasileiro. E não se esqueça de que eram esses acontecimentos que determinavam, em cada momento, de quais regiões procediam os cativos trazidos à força para o Brasil. Com eles desembarcavam diferentes idiomas, objetos, técnicas, costumes, tradições, festas, crenças e valores, pois, a não ser na cabeça de um branco desavisado, um axante não se confundia com um iaca, um macua com um libolo, nem um ijexá com um bariba. A chegada em grandes números de hauçás e iorubás muçulmanos à Bahia, na primeira metade do século XIX, por exemplo, seria consequência do *jihad* de Usuman dan Fodio, que teve seu epicentro no norte da atual Nigéria.

Boa parte da história do Brasil começa na África. Numa África dotada de história — de uma história fascinante, que, como as outras de que igualmente somos herdeiros, quanto mais antiga, mais nos fala pelas suas obras de arte. Após quatro séculos durante os quais se procurou negar que o negro tivesse um passado, já é mais do que tempo de enriquecer o acervo de beleza que oferecemos nas escolas aos nossos jovens, com as estelas de Axum, as igrejas talhadas na pedra de Lalibela, o Grande Zimbabué, os requintados vasos em bronze de Igbo Ukwu, as cabeças em terracota e em ligas de cobre de Ifé, as placas de bronze do Benim, as tensas esculturas em madeira dos lubas, as joias de ouro dos axantes, as reinvenções do rosto humano que são as máscaras songies e tantas outras grandes obras que devemos ao espírito criador dos africanos.

AFRICANOS NO BRASIL

De que África teria saudades um africano no Brasil? Certamente, de sua aldeia ou do bairro da cidade onde ficou sua infância. No Brasil, deixara de ser conhecido por sua terra natal, pelo seu clã, pelo nome que o seu povo se dava a si mesmo ou recebia dos vizinhos. Exceto para si próprio e para os conterrâneos que encontrava no exílio, não era mais um iaca ou um gun: passara a ser chamado angola ou mina, e africano, e negro. Na fazenda ou na cidade onde penava, podia haver quem falasse o seu idioma ou outro próximo, e até quem fosse de seu vilarejo e seu malungo, ou companheiro de barco na travessia do Atlântico. Por toda parte, porém, encontrava gente estranha, de outras Áfricas que não a sua, com tradições, crenças, valores, costumes, saberes e técnicas diferentes. Este, em sua terra, andava de camisolão até os pés e gorro na cabeça, aquele não tinha mais do que um pano entre as pernas, amarrado na cintura. Aqui, as mulheres entrançavam os cabelos com contas e conchas; ali, cobriam a cabeça com véu ou turbante; acolá, raspavam o crânio. Umas vestiam-se apenas com miçangas, outras com bubus ou envolviam o corpo com panos coloridos, e todas exibiam muitos colares e argolas nos braços e nos tornozelos.

Cada um de nós não domina mais do que uma pequena parcela de sua cultura. Nem todos os sossos da Guiné e outros africanos que produziam ferro de alta qualidade sabiam operar um forno ou uma forja;

mas alguns poucos, sim. No Brasil, aqueles que já eram ferreiros ou que apenas conheciam rudimentos do ofício construíram fornos conforme o modelo predominante em sua terra. Isso explica o fato de terem existido em Minas Gerais fornos tão diferentes: eles correspondiam a distintas tradições.

Os africanos não foram somente os pioneiros da metalurgia de ferro no Brasil. Desde muito acostumados à cata do ouro — do qual, durante séculos, algumas regiões como o rio Falemé, o alto Níger, o país acã e o planalto de Zimbabué foram os principais fornecedores da Europa e do mundo muçulmano — trouxeram com eles as técnicas da bateia e de escavação de minas. Alguns eram bons ourives, que criavam, na África, joias de grande beleza, como as dos axantes, e passaram a fazê-las no Brasil.

Sabiam como criar o gado fora dos estábulos, soltos no campo, e o foram multiplicando e espalhando savanas afora, savanas muito semelhantes às que haviam deixado na África. Pouco valiam no Brasil as lições dos campinos do Ribatejo, e muito as dos fulas e hauçás. Como as práticas agrícolas portuguesas lhes foram impostas, só puderam plantar do modo a que estavam acostumados em suas pequenas roças e nos quilombos. Apesar disso, aqui e ali, aplicaram os seus saberes, como fizeram os balantas e outros negros da Alta Guiné no cultivo do arroz no Maranhão. E trouxeram para o país muitos vegetais, como o dendê, a malagueta, o maxixe e o quiabo, básicos em nossa cozinha, que enriqueceram com novas comidas. Qual na África, as mulheres as vendem nas ruas e, em Salvador como em Lagos, fritam o acarajé num fogareiro, à frente do freguês.

Aos africanos deve-se também que se tenha produzido, sobretudo nas grandes propriedades rurais, e ao arrepio das proibições régias, tecidos para uso dos escravos, em teares extremamente simples, horizontais ou verticais, conforme a região de origem do tecelão ou tecelã. Repetiu-se aqui o que sucedera no arquipélago de Cabo Verde, grande exportador de panos, onde os portugueses se esqueceram dos teares europeus em favor dos africanos.

A cabana em que vivia esse tecelão era construída como na África: as paredes de sopapo e o teto de folhas de palmeiras ou de capim. Ainda que competindo com o mocambo de palha de tradição ameríndia, a morada do pobre no Brasil seria, durante muito tempo, de sopapo, à africana, e não de taipa ou de pedra como em Portugal. Não prosperaram aqui as cabanas cônicas; impôs-se a de planta quadrada, com teto em duas águas, que, no Brasil, ganhou janela. Já a casa dos ricos, trazida de Portugal, recebeu da África do Oeste, e talvez também da Índia, o alpendre na frente ou nos fundos, e nele, lá como cá, passava-se boa parte da vida.

Nessas varandas, as crianças ouviam os relatos fantásticos de diferentes nações africanas, cujos personagens e enredos se mesclavam entre si e com os ameríndios e europeus, de tal modo que se tornava difícil separar o Curupira dos tupis do *moatia dos* axantes, pois ambos, do tamanho de anões, tinham os pés virados para trás e eram os senhores dos animais selvagens. Vindos da África, bichos-papões, jogos e brinquedos desembarcaram no Brasil. E lembranças de desfiles de reis, com seus enormes guarda-sóis coloridos, que reproduziram, no Brasil, nos maracatus, congadas e reisados.

Nesses desfiles reais, ouviam-se tambores, agogôs, aguês, pífanos e numerosos outros instrumentos que eram deles e são nossos. Esses instrumentos animavam as festas nos dois lados do Atlântico, com ritmos e melodias que, ao entrelaçar-se com as europeias, foram se transformando na nossa música.

Não se dançava na África apenas pela alegria do convívio. Dançava-se também para reverenciar os deuses e recebê-los na alma. Foram muitas as religiões que atravessaram o oceano, pois cada povo tinha a sua. Algumas absorveram outras crenças ou foram por elas absorvidas, gerando novos sistemas religiosos, como a umbanda. Outras não deixaram vestígios. Mas a uma das religiões trazidas da África, a dos orixás, converteram-se em grande número, principalmente no Brasil e em Cuba, pessoas de outras origens, e o que era a religião dos iorubás tornou-se uma religião universal.

Por iorubás passaram a ser designados, desde a metade do século XIX, diferentes grupos que, na atual Nigéria, República do Benim e Togo, falam a mesma língua, embora com variações dialetais, possuem culturas mais do que semelhantes e se aglutinavam em torno de cidades-estado, compartilhando muitas tradições, ainda que em alguns casos pudessem ser diferentes e até mesmo conflitantes. Tidos como iorubás (e, no Brasil, também nagôs), sabiam-se oiós, ifés, egbas, auoris, quetos, ijexás, ijebus, equitis, ondos, igbominas ou de outras nações. Assim também os falantes de quimbundo, os ambundos de Angola, compreendiam vários grupos com dialetos e culturas diferenciadas, entre os quais andongos, dembos, hungos, quissamas, songos, libolos e bângalas.

Os vários grupos iorubás e, ainda mais, os ambundos tiveram grande importância na formação do Brasil. Mas foram apenas parte de um grande coro, composto por gente de quase toda a África subsaariana. De certas regiões, vieram números enormes; de outras, pouquíssimos. Houve quem fosse obrigado a longuíssimas viagens, do centro do continente até os portos litorâneos, e se conhecem casos de cativos feitos a oeste do rio Cuanza, embarcados em Moçambique.

Enriquece o quadro saber-se que havia ligações preferenciais — não raramente ditadas pelos regimes de ventos e correntes marinhas — entre portos brasileiros e africanos. O Rio de Janeiro, por exemplo, vinculava-se sobretudo aos portos de Angola, Congo e Moçambique e recebia, por isso, não só pessoas dos diferentes grupos ambundos, mas também, entre muitos outros, congos, sossos, iacas, vilis, huambos, lubas, galangues, bailundos, luenas, macuas e tongas. Salvador comerciava intensamente com o golfo do Benim e, em seus portos embarcavam fons, iorubás, mahis, ibos, ijós e efiques, além de indivíduos das savanas mais ao norte, hauçás, nupes, baribas e bornus. De São Luís do Maranhão ia-se com facilidade à Alta Guiné, e de Cacheu e Bissau lhe chegaram mandingas, jalofos, banhuns, pepeis, felupes, balantas e bijagós.

Para o Brasil foram trazidos africanos de mais de uma centena de povos diferentes. Muitos deles já se conheciam na África, por serem vizinhos ou terem entre si comércio. Um gã entendia-se com os evés, os acuamus e os auoris, que viviam na mesma região e tinham costumes parecidos, e talvez até mesmo com os hauçás que se aproximavam do litoral para comerciar, pois era comum que um africano falasse mais de um idioma: o seu e outro ou outros que aprendera no convívio do mercado ou com as esposas de seu pai, algumas delas estrangeiras. E as diferenças eram compensadas pelas semelhanças, em processos contínuos de mestiçagem física e cultural. Algumas vezes, dois ou mais povos se entrelaçavam e criavam um novo. Como fizeram os africanos que foram coformadores do Brasil.

CARTAS DE UM EMBAIXADOR DOS REIS DO BENIM E DE ONIM

No Arquivo Histórico do Itamaraty, há duas cartas enviadas de Salvador, na Bahia, a D. Pedro, Príncipe Regente, por quem se intitulava embaixador ou enviado do reino de Onim, na África Ocidental. Eis a primeira carta:

Real Senhor,
Humilhado aos pés da Illibada Pessoa de V. Altheza Real cheio do maior respeito, e acatamento passo a representar a V. Altheza o seguinte.
Que os habitantes desta Provincia se achão assas ambiciozos por verem nesta Cidade a Augusta Pessoa de V. A. por se ter propagado esta noticia, em toda esta Provincia, e que V. A. vinha Pessoal, e fazer socegar os povos da mesma, que se vem oprimidos com as Tropas Europeas, que se achão aqui destacadas.
O Governo Provisorio, que adora e reverencia a Excelsa Pessoa de V. A., acha se mãos ligadas, porque o Intruzo Gov^{or} de armas Ignacio Luiz Madeira, está de posse de todas as armas, e os seos Satellites, apoiados p^r elle, fazem as maiores hostilidades, q se pode considerar, e o aconcelhão até para faltar o devido e profundo Respeito, que devem todos ao Augusto Nome de V. Altheza, e não menos cuoperão, para que os acompanhem alguns Negociantes, ou para melhor dizer Caip^{ros}, Tendeiros, e estúpidos Europeus, rezidentes nesta Cid^e e a vista de simelhantes disacatos.
Só V. Altheza R^l poderá vedar o dispotico procedimento destas Tropas, e só V. A. pode finalm^e tranquilizar esta Provincia, e fazer que torne a reinar

a Santas pás, para sucego dos habitantes della, q̃ se achão na mais triste e lamentável situação, sofrendo roubos, vilipêndios, e as maiores hostilidades, como V. A. terá de tudo melhor noticia.

As Tropas da Segunda Linha do Recôncavo desta Cidade, os habitantes do campo, como sejão, Propietários de Engenhos, Lavradores, e os demais Povos, se achão promptos, e de mãos dadas para a força fazerem evacuar as ditas Tropas, porem faltalhes o socorro q̃ esperão de V. A. R^l, pelo quão suspirão lansando todos os dias as vistas, para a barra deste porto, á ver se chega força Naval q lhes He indipensável.

He tal Senhor o absoluto procedimento deste Gov^{or}, q̃ sendo geral o Contentamento dos Brazileiros desta Provincia com a noticia de fliz aclamação de V. A. nessa Corte, tendo a Camara decretado aclamar também nesta Cidade, no dia doze do presente Junho, obstou o referido Gov^{or}, esta pretendida acção, mandando Piquetes de Cavalaria sercar a Praça do Governo, para que se houvessem de aclamar a Augusta Pessoa de V. A. p^r Príncipe Regente do Brazil, fazer prender a Camara ou assacinala, e da mesma sorte a Junta Provisoria q̃ tomando em concideração, o que poderia rezultar deste attentado, não se encorporou, áquelle Corpo de Camara, e de então não tem havido já mais sessão algua, para o expediente do Publico.

Taes são Snr. as terríveis circüstancias em que se vê este Paiz, q̃ V. A. R^l como Protetor e Defensor, parece deve dar prompto remédio a esta Provincia, q̃ os seus habitantes adorão, e reverencião o Augusto Nome de V. A.

Deos g^e a Real Pessoa de V. A. R^l e R^l Familia como nos He mister.
Da Egregia Pessoa de V. A. Real
    Lia Vassalo obedientissimo.
    O Embaixador de Omnim.
    Manoel Alv. Lima.

A segunda carta assim diz:

Senhor,
    O Grande Deoz derrame sobre Vossa Alteza Real, e sobre Augusta Familia de Bragança, e de Austria aquellas enchentes de Graças, e

conservação da Vida de toda Augusta Familia Real para socorro de todos os fieis Vassalos Braziliense que todos submissos, e [r?]everentes implorão ao mesmo Deoz Supremo, que a sua benéfica Mão se extenda sobre Vossa Alteza Real a fim de viver por dilatados annos no Governo de hum Paÿ Piedozo de tão innocentes Vassalos.

Quando o Vassallo submisso se atreve a escrever a Vossa Alteza Real lhe encendiado do ardente fogo que abraza nos Coraçoens Brazileiros a fim de fallar a verdade pelo amor e honra que Vossa Alteza Real tem dado aos seus mancos Vassallos, ouvindo as suas lamentaveis queixas as quaes são as Seguintes.

Com que dolorozo pranto vê a infeliz Bahia as scenas mais terríveis que as mesmas fúrias Infernaes ouvindo no dia 24 do presente Mez de Agosto, hum infeliz perdido Despachante de Embarcaçoens, denominado Lapa que em vozes alterozas passou a defamar a Regia Familia de Bragança esgotando toda sua ira contra Vossa Alteza Real; porque asa indignas palavras proferidas por este desgraçado fáz com que me não atreva a dizello mas sim que alguns dos Habitantes por se verem tolhidos de forças o não despedaçarão, bem como na noite do referido dia em Assembléa do Theatro passarão os rediculos Caixeiros, e vil Canalha Européa a xamar em altas vozes. Oh! Pedro tira esta cadeia, Oh! Bolcão fáz o proprio, Oh! Santinho faz o mesmo, Oh! Montezuma, mulato faz o mesmo, tudo na occasião em que os Lacaios servião; cujos homens nomeados são aquelles Magnanimos, e Heróes Vassallos que tem jurado manter a causa, e derramarem a última gota de sangue em defêza de Vossa Alteza Real; e da Provincia o que tudo fizerão por ludibrio; sendo este acestido pelo Bucal, e nomeado Governador d'Armas o Madeira; o qual estava cheio de todo prazer. Que lastima! Que horror! para os Coraçoens dos innocentes Vassallos que nos seus Magnanimos Coraçoens tornão de novo prestar o jurame[nto] defeza a favor de Vossa Alteza, e todos desejarão morrer do que verem a Real Pessôa de Vossa Alteza tratada com desprezo como fizerão os mãos Francezes com a Sagrada Familia de Luiz

X6º e que elles Européos, dizem que esperão em Vossa Alteza o mesmo, e o Povô Baÿano pede com istancia o prompto socorro para o Reconcavo que se acha todo emArmas para defenderem a Provincia, e castigarem os insultos cometidos contra Vossa Alteza Real.

O Real Decreto datado do 1 do corrente foi tratado pelos Europeos com indiferença, e indignação, prohibindo-se que se empremisse; devidio-se em manuscripto por todos os Habitantes os quaes com respeito o abraçarão prometendo executar as Regias Ordenz de Vossa Alteza Real.

No dia 22 do corrente mez passarão sem respeito algum das Authoridades, alguns Voluntarios, e [sold]ados da Legião Lusitana a rasgarem os Constitucionaes, e atacarem ao Redactor do mesmo em sua própria casa para o manterem por falar a verdade como aconteceo no Constitucional do dia 4.ª frª 21 de Agosto ficando prohibida a Prença livre para este Redactor só ficando a Idade de Ouro que seria melhor chamar-se de Bronze.

No dia 25, e 26 do Corrente se tem feito grande fogo de Ilha de Itaparica, e Costa do Mar-grande a fim de se fazer a Aclamação de Vossa Alteza sendo esta prohibida pelas barcas Canoneiras que ahi se achavão, ficando a mesma Ilha em poder dos Valorozos Vassallos Caxoeiranos que se tem feitos fortes nellas, continuando o mesmo Madeira a mandar atacalla.

O Povô desta Provincia suplicão do Céo, e o de Vossa Alteza, e pedem a rigoroza vingança sobre os ultrajes cometidos a Real Familia de Bragança ficando desta forma, o Povô Baÿano contente, e Vossa Real Alteza, vingada desta vil Canalha.

Com toda submissão se prost[r]a as Rea[i]s Plantas de Vossa Alteza, e de toda Augusta Familia por meio desta, suplicando o perdão, de algumas faltas de decência minha nesta que fasso prezente a Vossa Alteza como humilde e fiel Vass[al]o que sou:

  Enviado de El Rey de Unnim.
 Manoel Alv. Lima

CARTAS DE UM EMBAIXADOR DOS REIS DO BENIM E DE ONIM

Pierre Verger[1] já havia topado, na Biblioteca Nacional do Rio de Janeiro, com várias cartas, não mais ao Príncipe Regente, mas, sim, ao Imperador, a relatar o que se passava na Bahia, assinadas por um certo tenente-coronel Manoel Alves Lima, que se dizia embaixador ou enviado do rei de Onim. Numa delas, além de revelar ter conversado privadamente, em Lisboa, com D. João VI e insinuar que deste tinha um recado para D. Pedro, o tenente-coronel queixava-se de não obter permissão em Salvador para viajar ao Rio de Janeiro. Verger encontrou outras pistas dessa personagem, que qualifica de misteriosa. Nos registros de passaportes guardados no Arquivo do Estado da Bahia, figuram duas viagens, na companhia de cinco criados, do coronel e embaixador Manoel Alvarez Lima, ambas à Costa da África, uma em setembro de 1829 e outra em novembro de 1830. Além disso, no *Public Record Office*, do *Foreign Office*, em Londres, está anotada uma viagem do mesmo indivíduo, de Onim (Eko ou Lagos), na atual Nigéria, para a Bahia, em novembro de 1827.

Em 1971, durante a preparação da visita à África Atlântica do então ministro das Relações Exteriores, Mario Gibson Barboza, eu recolhia dados sobre as relações políticas entre o Brasil e o continente africano, quando encontrei, nas páginas 161 e 162 do tomo LIV, relativo a 1891, da *Revista Trimensal do Instituto Histórico e Geográfico Brasileiro*, sob o título "Reconhecimento da independência do império do Brasil pelos reis d'África", o seguinte documento, copiado do Arquivo Público brasileiro:

Manoel Alves de Lima, cavaleiro da ordem de Nosso Senhor Jesus Christo e de Santiago da Espada, coronel da corporação da illha de Sam-Nicoláo, tudo por Sua Majestade el-rei o Senhor Dom João Sexto, que Deos guarde, embaixador de Sua Majestade Imperial de Beni dos Reis de Africa, etc. Certifico e faço certo, que achando-me encarregado da Embaixada do mencionado

---

[1] *Flux et reflux de La traite de nègres entre le golfe de Bénin et Bahia de Todos os Santos, du dix-septième au dix-neuvième siècle*, Paris: Mouton & Co., 1968, p. 276-7.

imperador de Beni para cumprimentar e oficiar a Sua Majestade Imperial o Senhor Dom Pedro Primeiro, Constitucional e Defensor Perpetuo no Brazil, pela parte do imperador de Beni e rei Ajan e os mais reis da África, aos quaes reconheceu a independência d'este império do Brazil n'esta Corte do Rio de Janeiro, nomeando eu para secretario da dita embaixada o Senhor Tenente Jozé Vicente de Santa Anna, por o considerar capaz para desempenhar este emprego e por recorrerem em o dito Senhor requizitos necessarios, com efeito em todo o tempo que elle exerceu este emprego dezempenhou os seus deveres com todo o zelo, actividade, verdade e fidelidade, em tudo quanto era tendente a referida embaixada; pelo que o afirmo e juro debaixo da fé de meu cargo, e por esta me ser pedida, para constar aonde lhe convenha a mandei fazer que somente assignei n'esta corte do império do Brazil, 4 de Dezembro de 1824. Manoel Alves de Lima, Embaixador de Sua Magestade Imperial de Beni dos Reis de Africa.

"Reconhecimento. Reconheço a firma supra, posta ao pé da atestação retro, ser do mesmo conteúdo n'ella, e feita perante mim. Rio de Janeiro, 4 de Dezembro de 1824. Em testimunho de verdade. Estava o signal publico. Antonio Teixeira de Carvalho". E nada mais continha o documento do qual fiz passar a prezente publica-forma, que conferi, subscrevi e assignei em publico e razo, n'esta corte e muito leal e heroica cidade Rio de Janeiro, capital do império do Brazil, aos 4 dias do mez de Dezembro de 1824. E eu Jozé Pina Gouveia, tabelião, que o subscrevi e assignei em publico e razo. Em testimunho da verdade, estava o signal publico. Jozé Pina Gouveia.

Dei pronta ciência desse texto a Pierre Verger, que incluiu parte dele nas edições em inglês e em português de sua monumental obra sobre o diálogo entre a Bahia e o golfo do Benim.[2]

---

2 *Trade Relations between the Bight of Benin and Bahia from the 17th to 19th Century*, Ibadan: Ibadan University Press, 1976, p. 240-242; *Fluxo e refluxo do tráfico de escravos entre o golfo do Benin e a Bahia de Todos os Santos*, São Paulo: Corrupio, 1987, p. 283-284.

As cartas conservadas no Arquivo Histórico do Itamaraty não estão datadas, mas nelas há elementos que nos permitem concluir que a segunda foi escrita em fins de agosto de 1822. Além de referir-se ao decreto de 1.º de agosto daquele ano, no qual D. Pedro declara inimiga qualquer força armada que viesse de Portugal e para lá não regressasse imediatamente, a carta menciona o empastelamento do jornal *Constitucional*, a agressão ao seu redator, Gê Acaiaba de Montezuma, e o combate travado, dias depois, entre o forte de Itaparica e navios portugueses. A primeira carta deve ter sido escrita na segunda quinzena de junho do mesmo ano de 1822, uma vez que nela, como na outra, o tratamento dado a D. Pedro é de Alteza Real. Já nas cartas, todas datadas de 1823, encontradas por Pierre Verger, Manoel Alves de Lima se endereça a Sua Majestade o Imperador.

Na de 1.º de abril de 1823, o tenente-coronel mostra certa impaciência por não o deixarem seguir para o Rio de Janeiro, cumprir sua missão de enviado do rei de Onim e dar o recado de D. João VI. Pode-se supor, então, que, logo após terem as tropas do general Madeira deixado Salvador, ele se tenha dirigido à Corte, para transmitir a mensagem de reconhecimento da independência do Brasil por parte do obá ou imperador do Benim e de seus reis vassalos, entre os quais destaca Ajan, que seria o *ologun*, obá ou rei da cidade-estado de Eko, Onim ou Lagos, de quem se apresentava, nas suas cartas, como enviado ou embaixador. Ajan é o nome com que figura nos documentos portugueses o príncipe de Onim que enviou, em 1807, uma embaixada a D. João, muito mal recebida na Bahia pelo conde da Ponte.[3]

Em 1823, o obá do Benim chamava-se Osemwede.[4] O rei de Lagos era Osinlokun, (Oshinlokun, Esinlokun ou Eshinlokun), que dera um

---

3 Verger, ob. cit, 1987, p. 276-279.
4 Egharevba, Jacob, *A Short History of Benin*, 3.ª ed., Ibadan: Ibadan University Press. 1960, p. 45.

golpe de estado contra seu irmão Adele e assumira o poder em 1820 ou 1821.[5] Tendo se refugiado com seus partidários em Badagry, Adele tornou-se o principal chefe da cidade sem contudo desistir de reconquistar o *ologunato* ou abdicar de sua condição de rei. Foi Adele quem enviou ao governo português a embaixada de 1807,[6] e talvez o título de Ajan só a ele se aplicasse, e não, aos demais *ologuns*. Não seria de excluir-se, por isso, que Manoel Alves de Lima tivesse, ainda em Lagos ou já em Badagry, dele recebido a missão a que se refere nas cartas citadas. Mas as datas, se estão certas, e o fato de Manoel Alves de Lima sempre se referir à sua condição de embaixador de Onim, apontam para Osinlokun, que era, ademais, aliado dos mercadores baianos, enquanto que Adele não os favorecia.[7]

Note-se que o tenente-coronel se apresenta, no documento transcrito na *Revista Trimestral do Instituto Histórico e Geográfico Brasileiro*, como embaixador do obá do Benim. Como não se passava semana sem que chegasse a Salvador mais de um barco vindo de Lagos, e o próprio Alves de Lima viajasse constantemente, ao que tudo indica, entre as duas cidades, teria havido tempo para que o *ologun* mudasse o sentido de sua embaixada e recebesse para ela a aprovação e a adesão de seu suserano, o obá do Benim. Se é que a este não coube a iniciativa, ao receber notícias do que passava no Brasil.

De que o tenente-coronel fora enviado pelo rei de Lagos, ainda que também em nome do obá do Benim, há indício num documento de que se

---

5 Law, Robin, "The Dynastic Chronology of Lagos", *Lagos Notes and Records*, v. 2, nº 2, 1968; Smith, Robert S, *The Lagos Consulate, 18851-1861,* Londres: The Macmillan Press — Lagos: The University of Lagos Press, 1978, p. 14-15.
6 Aderibigde, A. E., "Early History of Lagos to about 1880", in Aderibigde, A. E. (org.), *Lagos: The Development of an African City,* Londres/Lagos: Longman Nigeria, 1975, p.13.
7 Ikime, Obaro, *The Fall of Nigeria: The British Conquest,* Londres: Heinemann, 1977, p. 94.

fez registro público em 31 de julho de 1824,[8] pois deve ter sido ele quem o entregou ao governo brasileiro:

> *Encommendas que eu Rei Ajan fiz a Sua Majestade Imperial o Senhor Dom Pedro Primeiro.*
>
> *Uma caixa de tampa curvada, guarnição rica o mais possível que traga dentro seis peças de damasco encarnado com ramos d'ouro, e o que faltar para enxer esta caixa, venha xeio de coraes, o mais grande possível. Tamanho da caixa deve ser comprimento três palmos, largura dois palmos e altura dois palmos.*
>
> *Uma carruagem grande em bom uso, dois parques de artilharia, calibre três com todos seus pertences, quatro chapéos de copa redonda, aba larga, o mais rico possível, dois d'estes chapéos pretos e dois brancos.*
>
> *Uma bomba de fogo o maior que puder ser.*
> *O Rei Ajan.*

Verger tem Manoel Alves de Lima por comerciante na África — comerciante de escravos, com quase certeza — e parceiro e amigo do *ologun*. Quanto a ele ser cavaleiro das ordens de Cristo e de Santiago da Espada, há razão para dúvida, pois, embora tenha sido recebido como tal no Rio de Janeiro, o seu nome não consta da lista dos agraciados pela Coroa portuguesa. E deve ter nascido ou se educado no Brasil, dada a maneira hostil como se referia aos europeus do general Madeira.

Na página 473 da quarta parte das *Antiqualhas e memórias do Rio de Janeiro*, de José Vieira Fazenda,[9] dá-se notícia da embaixada do obá do Benim, que teria servido de magro consolo — isto sugere ironicamente Vieira Fazenda — diante das reticências das cortes europeias em

---

[8] *Revista Trimestral do Instituto Histórico e Geográfico Brasileiro*, Rio de Janeiro, tomo LIV, parte II, 1891, p. 162.
[9] Em *Revista do Instituto Histórico e Geográfico Brasileiro*, tomo 93, v. 147, Rio de Janeiro, 1923.

reconhecer a independência do Brasil. Creio que a principal razão para o bom recebimento foi outra: Lagos se havia tornado o maior porto de escravos para a Bahia, e o escravo era o primeiro item das importações brasileiras. A embaixada deve ter tranquilizado os mercadores de gente, inquietos ante a possibilidade de que, com a separação do Brasil de Portugal, para eles se fechassem os embarcadouros de que se serviam em Cabinda, Luanda, Moçambique e Benguela.

Manoel Alves de Lima viajou da Bahia para o Rio de Janeiro na fragata imperial *Mariana*. Sua chegada, em 1.º de julho de 1824, foi noticiada pela imprensa.[10] No dia 20, recebeu-o, no Paço da Quinta da Boa Vista, D. Pedro I, a quem Alves de Lima transmitiu a mensagem de amizade dos reis africanos, que o reconheciam como imperador do Brasil independente.[11] Sabemos dessas datas, graças a Rodrigo Wiese Randig,[12] que localizou, no Arquivo Histórico do Itamaraty, mensagens trocadas entre a Chancelaria brasileira e o secretário do embaixador do Benim. Num ofício datado de 29 de janeiro de 1825, do cônsul-geral britânico no Rio de Janeiro, Henry Chamberlain, a George Canning,[13] lê-se que, durante essa audiência, Alves de Lima entregou a D. Pedro I uma bengala ("a walking stick"), que, na realidade, era um bastão de recado — o bastão esculpido que tornava quem o portava a palavra do rei.

Tudo indica que trataram Alves de Lima com o bom cuidado que merecia um parceiro comercial importante. Assim, seis dias depois de ele ser recebido por D. Pedro I, o ministro do Exterior, Luiz José de Carvalho e Mello, comunicou-lhe, por escrito, que o Tesouro Público

---

10 *Diário do Rio de Janeiro*, 3/7/1824, p. 12; *Diário Fluminense*, 5/7/1824, p. 20.
11 Arquivo Histórico do Itamaraty (Rio de Janeiro). Maço 273/1/13, pasta 6 — Missões Especiais Estrangeiras Diversas: África, Argentina e Bolívia.
12 "Argentina, primeiro país a reconhecer a independência do Brasil", *Cadernos do CHDD*, nº 31, Rio de Janeiro, 2017, p. 502-503 e 518-519.
13 British National Archives, Foreign Office, 13/8, fls 109-10. Devo cópia fotográfica desse texto a João José Reis.

fora instruído a pagar-lhe, diariamente, 1600 reis, para custear as despesas com sua permanência na Corte.[14]

Manoel Alves de Lima cumpriu o seu encargo. Mas sua missão não demorou em ser esquecida. Dela sequer se fez registro na relação dos países que reconheceram a independência do Brasil e onde o Benim e Onim figurariam no alto da lista (quase dois meses após os Estados Unidos e mais de um ano antes de Portugal). Para a maioria dos contemporâneos que dela souberam, Alves de Lima representava chefes de povos negros, sem presença e sem voz no que se chamava concerto, ou desconcerto, das nações, e a adesão desses bárbaros à nossa causa era tida como irrelevante.

Duzentos anos depois, a missão de Manoel Alves de Lima reaparece em Vieira Fazenda e ganha um breve comentário de Mário de Andrade.[15] Depois de ironizar o que chama de "embaixadas inúteis de régulos africanos", ele dá como exemplo a que foi enviada ao Brasil pelo obá do Benim, em 1824, para reconhecer a nossa independência, E termina a frase com um ponto de exclamação, quase a lhe desculpar o atrevimento.

---

14 Rodrigo Wiese Randig, art. cit., p. 519.
15 *Danças dramáticas do Brasil,* São Paulo: Livraria Martins Editora, 1959, 2.º tomo, p. 41.

JOSÉ BONIFÁCIO E O CURSO DO NÍGER

Numa carta escrita em Talance, na França, em 30 de novembro de 1826, José Bonifácio de Andrada e Silva dava, de Talance, a Antônio de Menezes Vasconcellos de Drummond, que estava em Paris, instruções sobre a publicação de uma "Notícia do interior da África e curso do Níger": que a entregasse ao *Journal Géographique* ou aos anais de viagens de Malte-Brun e Eyriès.[16] Quatro meses depois, em 16 de março de 1827, voltaria ao assunto, dando ao amigo poder para reduzir o artigo, como queriam, ao que parece, as revistas: "Quanto à minha carta sobre o Níger, veja o que querem cortar, e à vista decida como lhe pedir a vontade e o brio".[17] O texto de José Bonifácio nunca foi publicado ou está esquecido nas páginas de alguma revista francesa. Tampouco se sabe onde repousa o original manuscrito. Conhecemos, contudo, provavelmente, parte do seu conteúdo, porque Menezes de Drummond — era assim que assinava — publicou, na edição referente a dezembro de 1826 do *Journal des voyages, découvertes et navigations modernes,* um longo trabalho em francês intitulado "Cartas sobre a África antiga e moderna", no qual se refere a Andrada e aos escritos deste sobre a geografia africana.

---

16 *Cartas andradinas: Correspondência particular de José Bonifácio, Martim Francisco e Antônio Carlos dirigida a A. de M. Vasconcellos de Drummond.* Em *Anais da Biblioteca Nacional do Rio de Janeiro*, vol. XIV (1886-87). Rio de Janeiro: G. Leuzinger & Filhos, 1890, p. 31.
17 Ibidem, p. 38.

É curioso que José Bonifácio, em sua carta de 16 de março de 1827, não se tenha referido ao artigo de Drummond estampado na revista francesa, com algo ou muito do que diria em sua "Notícia do interior da África e curso do Níger". Isso me convida a supor que esse número do *Journal des voyages*, embora relativo a dezembro de 1826, só tenha sido impresso alguns meses depois, o que se reforça com as referências que Menezes de Drummond faz a trechos publicados por revistas do livro dos exploradores Dixon Denham e Hugh Clapperton, aparecido naquele mesmo ano.[18]

No seu artigo, Drummond afirma dever a José Bonifácio noções preciosas sobre o curso do rio Níger, obtidas, em 1819, durante conversas com cinco escravos hauçás e um sexto, que talvez fosse nupe ou talvez um hauçá nascido em terra nupe. O Andrada tomara a iniciativa desses diálogos porque, tendo refletido muito sobre o assunto, estava convencido de que o Níger (nome que os europeus deram ao curso superior do rio, a única parte que precariamente conheciam) não ia desaguar num grande lago em Uângara, onde os calores o fariam evaporar, nem formava um braço do Nilo, nem era o alto Zaire ou Congo — as hipóteses então mais sustentadas na Europa. Sua convicção se fortalecera com o que lhe dissera o escravo Francisco, que qualifica de homem inteligente, sábio e probo. Francisco, um ulemá, um letrado muçulmano que havia sido professor em seu país, lia e escrevia fluentemente em árabe, bem como em hauçá. E da língua hauçá ele ditaria a José Bonifácio um pequeno vocabulário, com 75 palavras, com o qual Drummond encerrou o artigo. Comparando-se cuidadosa e pacientemente esse vocabulário com um dicionário moderno de hauçá, não se notam mais do que ligeiros desvios e alguns

---

18 *Narrative of Travels and Discoveries in Northern and Central Africa, in the Years 1822, 1823, and 1824*, Boston / Philadelphia: Cummings, Hilliard & Co./ Carey & Lea, 1826.

poucos enganos. Um exemplo: *pharsi*, na transcrição de José Bonifácio, ou *farcè*, não se traduziria por "um dedo da mão", mas por "unha".

A maior parte do resumo de Drummond é formada pelas respostas que os escravos deram às perguntas de José Bonifácio. Nele mostra-se a curiosidade do brasileiro, o seu respeito pelos interlocutores e o cuidado com que anotou o que lhe disseram. Os escravos Mateus, José, Bernardo, Bento, Bonifácio e Francisco contaram ao Andrada como eram as suas terras, de que montanhas e rios ficavam próximas, e o que sabiam sobre o Níger, para eles, o Gulby, que, mais adiante, passava a se chamar Kwara.

Mateus disse ter nascido em Berni-Daurah, ou seja, no *birni* (ou cidade fortificada) de Daura, uma urbe de casas de barro com tetos planos, que ficava na mesma região que Berni-Kanoh, Berni-Caschênah, Berni-Tzotzot, Berni-Zamfara, Berni-Goebert, Berni-Cabih, Berni-Enhau e Berni-Gurumete. Ninguém terá dúvida de que Berni-Kanoh é Kano, Berni-Caschênah, Katsina, Berni-Zamfara, Zamfara, e penso que Berni-Goebert possa ser Gobir (ou Gober) e Berni-Tzotzot ou Tzotzogh, Zazau (que aparece nos textos antigos também como Zakzak e Zukzuk). No entanto não localizo as demais cidades hauçás, nem, com exceção de Berni-Bakani, que poderia ser Bokani, aquelas terras Berni-Zaret, Berni-Bergut e Berni-Gutah — pelas quais Mateus, antes de receber este nome, passaria como prisioneiro de guerra.

Na maioria dos casos, não conseguimos identificar os topônimos e etnônimos registrados por José Bonifácio, ou porque ele os ouviu mal, ou porque, tendo-os ouvido bem, teve dificuldades para pôr por escrito palavras com sons inexistentes em português ou nos outros idiomas que conhecia — ou ainda porque se referiam a sítios que mudaram de nome ou não ganharam lugar nos mapas. A Tabaran onde nasceu José é a cidade nupe de Tabarau, mas não sei que local seria aquele Fugah, onde

Bernardo foi feito cativo e de onde o levaram a embarcar em Agaey, que para mim é Aguê (ou Agoué), na atual República do Benim.

Nofeh seria nufé, palavra que os hauçás usam para designar o povo nupe, também conhecido como tapa. O reino por eles formado, ao sul da Hauçalândia e ao norte do Iorubo, nas duas margens do Níger, tem o mesmo nome, Nupe. É possível que o topônimo Nofeh ou Nupe, aplicado a uma cidade, indicasse, nos relatos de José, Bernardo e Bento, a capital do reino ou qualquer povoação a ele pertencente.

Já nas respostas de Bonifácio e Francisco ao questionário, aparecem um reino e um rei de Haussah. Os hauçás dividiam-se em vários reinos, sendo os mais importantes Daura, Kano, Rano, Zazau (ou Zária), Katsina, Gobir, Garun Gabas e Zamfara. Em 1801, teve início o jihad de Usuman dan Fodio, do qual resultou, sob a liderança fula, a unificação da Hauçalândia, com a formação do califado de Sokoto, dentro do qual os antigos reinos se transformaram em emiratos. Talvez fosse ao califado que os informantes de José Bonifácio de Andrade e Silva se referissem como o reino de Haussah.

Berni-Zaret seria Zária? E Zegzeghis, a gente de Zazau? Zaila era seguramente Zária; Gober, Gobir; Ghüiah, Gaya; Aiashi ou Aiaschi, Yashe; Bornuh, Bornu; Bargu, Borgu; Yhaury, Yauri; Bautschi, Bauchi. Caba talvez fosse Kabba, e Kabih, Kebbi. Yerabâh era Iorubá ou Iorubo, podendo se restringir ao reino Oió, uma vez que, naquela época, iorubá era o nome que os hauçás davam aos oiós, e só aos oiós. Katango seria Catunga ou Katunga, como também era conhecida a capital daquele reino, e Ico corresponderia certamente a Eko ou Lagos.

Nos últimos parágrafos do texto de Drummond, o Ware que os mapas situavam a sul do Benim é geralmente grafado Warri ou Oere; Sakatou é Socoto ou Sokoto; Bornough é Bornu; o lago Tsaad é o Chade; e o rio Yaou é o Yo.

De suas conversas com os seis escravos, José Bonifácio concluiu que Níger, Joliba, Gulbi e Kwara eram um só e único rio, que nascia nas montanhas do Futa Jalom e ia dar ao Atlântico naquele enorme delta conhecido dos portugueses desde o fim do Quatrocentos. Soube a verdade sem ir à África, aprendendo com aqueles que mais conheciam o grande rio: os hauçás, mestres do comércio a distância, que tinham no Níger o grande eixo de onde desciam até as florestas as múltiplas rotas de suas caravanas. A maioria deles jamais percorreu toda a extensão do rio. Mas era como se o tivesse feito, pois de seu curso sobravam as notícias, nas longas conversas nos mercados, quando hauçás contavam a outros hauçás as suas peripécias de viagens.

A atitude de José Bonifácio difere do modo de proceder daqueles exploradores que, no fim do século XVIII e início do XIX, se aventuraram a percorrer o Níger, com o objetivo de lhe descobrir o curso e a foz. Mungo Park, por exemplo, jamais indagou aos seus companheiros africanos onde desaguava o rio. Se o fez, não anotou a resposta, talvez por dela desconfiar, vinda de alguém que considerava bárbaro. Drummond destaca uma exceção: o explorador Giovanni Battista Belzoni, que acreditou nas informações que lhe foram dadas por africanos de que o Níger que passava por Tombuctu era o mesmo rio que desaguava num grande delta no golfo do Benim. Belzoni pensava em fazer o percurso contra corrente, delta acima. Morreu em 1823, em Gwato, Hugató ou Ughoton, no reino do Benim. Seria somente em 1830 que os irmãos Richard e John Lander, ao descer o rio desde Bussa até o início do delta, confirmariam o que José Bonifácio, por volta de 1819, tinha por certo.

Ao descrever, em seus depoimentos, o roteiro seguido do local onde foram feitos cativos até o porto de embarque para o Brasil, os seis africanos confirmam os relatos de outros escravizados: podiam passar-se muitos meses de caminhada, do interior até a costa. Ainda que nenhum deles o tenha dito, é provável que tivessem mudado de dono entre a captura e o navio negreiro. E, embora só um deles tenha deixado isto claro, podemos presumir que os outros cinco também eram muçulmanos e que foram vítimas, direta ou indiretamente, da guerra santa de Usuman dan Fodio.

Concluída a transcrição das respostas dos escravos ao questionário, ficamos sem saber o que, nos parágrafos finais do trabalho, cabe ao Andrada e o que devemos a Drummond, pois este revela, ao longo de todo o texto, mas sobretudo na sua primeira metade, o quanto o seu espírito estava atento às cousas africanas. Refere-se ele, por exemplo, com precisão e justeza, a vários importantes manuscritos portugueses que só seriam impressos várias décadas e até mais de um século mais tarde, como não só a famosa *Crônica dos feitos da Guiné*, de Gomes Eanes de Zurara, mas também a hoje indispensável *História geral das guerras angolanas*, de Antônio de Oliveira Cadornega. A sua antena percebeu a importância das descrições da Costa da Guiné de Francisco de Lemos Coelho, que dá por perdidas e só foram editadas em 1990.

Eis, traduzido para o português por Ruth Sylvia de Miranda Salles, o texto publicado em dezembro de 1826, por Menezes de Drummond, no tomo 32, caderno 98, do *Journal des Voyages, découvertes et navigations modernes* ou *Archives géographiques du XIXe siècle, rédigé para une société de géographes, de voyageurs et de littérateurs français et étrangers*. A transcrição do exemplar da revista existente na Biblioteca Nacional de Paris foi feita por duas vezes, a meu pedido e sempre à mão, primeiro, em 2007, por Letícia Squeff, e depois, em 2009, por Leila Maria Serafim Pacheco. As palavras que acrescentei ao texto vão entre colchetes. As notas são minhas, exceto quando expressamente indicado.

Cartas sobre a África antiga e moderna

Senhor, o estudo da geografia, da história natural e da etnografia da África tem sido para mim, há muito tempo, objeto sério de pesquisas e reflexões, não só em minha qualidade de homem de letras, mas sobretudo como descendente de portugueses, interessado em reivindicar para a nação de onde provenho a glória imortal de ser a primeira que, seguindo as pegadas de cartagineses e romanos, descobriu e visitou a costa e o interior dessa singular parte do mundo. A África, por sua configuração, clima, natureza e tipo de solo, assim como por suas tribos indígenas, parece ser o modelo da estabilidade e da perpetuidade da natureza, no físico e no moral. Seu interior é habitado pela raça dos negros, que considero uma das mais antigas e mais puras do universo.

Desde os primórdios da civilização grega, a África sempre desempenhou um papel peculiar na antiga história imaginária do mundo. Basta relembrar a antiga civilização do Egito, cujas origens estão, a meu ver, incontestavelmente nos povos e na nação de Méroe; basta relembrar o que Homero, Hesíodo, Platão e outros contam sobre Atlas, os seus litorais e ilhas adjacentes; basta, enfim, relembrar o poder, o comércio, a colonização e a riqueza dos cartagineses, que, para se expandir, se valeram das descobertas e das colônias dos fenícios, seus antepassados.

Na mitologia grega, a cordilheira de Atlas, que, em séculos remotos, talvez tenha sido uma ilha marítima, estava ligada ao país das Hespérides, e este ao país das Gorgonas, terras que figuram nos antigos mitos de Hércules e Perseu. Querer que esses mitos não tenham nenhum fundamento histórico e sejam apenas alegorias astronômicas do sol e de seus movimentos, como julgaram Gibelin e Dupuy, é ignorar a natureza das antigas tradições e confundir todas as noções da Antiguidade que chegaram até nós. O que Platão expôs em seu Timeu *e, mais tarde, em* Crítias, *não pode, a meu ver, ser de modo algum uma mera invenção poética, que ele ousou atribuir como história verdadeira ao sábio Sólon, o grande legislador de Atenas, pois ainda devia haver na Grécia gente que conversara pelo menos com alguns contemporâneos ou amigos do próprio Sólon, os quais podiam desmentir uma falsidade tão impudente. No* Timeu, *Platão afirma que Sólon recebera esses relatos históricos de sacerdotes egípcios de Saís; e no* Crítias, *que, como todo mundo sabe, não passa de um acréscimo ao* Timeu, *ele faz dessa afirmação uma bela narrativa filosófica e política, que talvez seja apenas um pedaço de algum poema de Sólon. A meu ver, porém, toda essa ficção não destrói as bases históricas da narrativa; porque devemos considerar que, nessa composição, Platão abandona inteiramente sua utopia política, na qual ele tanto se comprazia em seus livros sobre as leis e a república. Crântor, que foi o primeiro comentador de Platão, adotando um ponto de vista oposto ao de muitos dos que vieram depois e que tomaram a narrativa sobre a Atlântida como uma simples alegoria, julga poder considerá-la como histórica; e parece que essa opinião foi também a de Eudóxio, já que este reduz a meses os nove mil anos do cálculo de Sólon. Segundo Proclo, um certo Marcelo relata as mesmas coisas que Platão e afirma tê-las tirado de histórias etíopes. O que Deodoro da Sicília, em seu terceiro livro, conta sobre o rei Atlas e sobre o país dos atlantes merece ser lido. Se Homero se contentou em mencionar de passagem as terras afortunadas da margem ocidental do Oceano (seus Campos Elísios), talvez tenha sido por não querer se apropriar daquela tradição, a não ser para tirar dela o que necessitava para embelezar um de seus poemas, cuja única finalidade era descrever as aventuras do retorno de Ulisses de Troia até Ítaca. Numa outra passagem da* Odisseia, *contudo, ele fala dos etíopes que viviam às margens do Oceano, uns observando o nascer do sol, outros o seu poente; refere-se às ilhas afortunadas que, como algumas pessoas pensam, não eram senão aquelas habitadas pelos povos das costas ocidentais do Oceano, e que devem esse nome à suavidade do clima e à fertilidade do solo. Mas Hesíodo, em sua teogonia, como pretendia tratar ex-professo e mais especialmente das religiões da Grécia e da genealogia dos deuses, isto é, da sucessão dos tempos durante os quais foram introduzidos novos cultos ou se viram modificados cultos antigos, estendeu-se mais e com maiores pormenores na descrição da antiga mitologia das terras ocidentais daquela parte da África, provavelmente apontando para a antiga Bética ou Turdetânia. E, como os gregos do seu tempo tinham adotado grande parte das tradições religiosas dos egípcios, que por sua vez as tiraram dos etíopes, os quais deviam ter comunicações com os atlantes, é de crer-se que tenha sido também por esse caminho que seus mitos chegaram ao conhecimento de Hesíodo, Ésquilo e Píndaro.*

É igualmente provável que as colônias da Magna Grécia, onde se estabeleceram os fenícios, que já navegavam pelo Atlântico, tenham recebido desses povos muitas tradições históricas, que esses cercaram de lendas poéticas e levaram ao continente e às ilhas da Hélade, as quais já mantinham relações comerciais com os fenícios, como vemos na Odisseia. *Se Hesíodo, como alguns afirmam, escreveu efetivamente dois livros, um sobre astronomia e outro intitulado* Descrição da terra, *não nos deve admirar vê-lo incluir em sua teogonia tantas lendas sobre o meio físico e geográfico.*

Mas, deixando de lado essas tradições que se perdem na noite dos tempos, não é menos verdade que o velho historiador Heródoto nos dá noções geográficas curiosas, não somente sobre a parte setentrional, mas sobre o interior da costa ocidental da África. A fonte dessas informações não se esgotou com a morte de Heródoto. Ela se tornou mais abundante, graças às investigações de Scylax, de Pomponius Mella e, sobretudo, de Plínio, que muito recolheu da descrição do império romano feita por ordem de Agripa, das obras do rei Juba e de Stace Cebosus e das memórias de Sena; mas devemos os detalhes mais preciosos sobre a África ocidental a Ptolomeu, cujas tabelas geográficas são a melhor e a mais pura fonte que possuímos da geografia dessa região, desde que tenhamos delas uma edição correta. Será a algum sábio francês que caberá fazê-la, comparando os numerosíssimos manuscritos gregos e latinos da geografia de Ptolomeu que se encontram na Biblioteca Real de Paris, para chegar a um texto exato e correto. Poderemos, então, entender mais facilmente a origem e os motivos de seus erros de graus e, sobretudo, corrigir suas longitudes, nas quais (talvez por causa da posição de seu primeiro meridiano, que ele situa no paralelo do Cap Sacré ou de São Vicente, em direção ao sul), encontro um erro de pelo menos 6º48'. Devemos a Ptolomeu a certeza da existência e da posição do Níger, que Plínio havia reconhecido.

A decadência do império romano e a irrupção dos bárbaros interromperam na Europa os estudos geográficos; mas, por sorte, tendo os árabes traduzido os livros gregos e se dedicado às ciências físicas e matemáticas, vários geógrafos dessa nação nos deixaram noções extensas sobre essa parte da África, aproveitando-se das conquistas e das viagens que por ali faziam. Entre seus geógrafos, deve-se uma honrosa menção a [Al-] Idrisi, vulgar e impropriamente chamado Mouro Núbio, e ao mouro batizado João Leão, o Africano.

Os portugueses, desejosos de combater a todo custo os seguidores de Maomé e de aumentar a extensão de seu território, são, entre os povos modernos, aqueles a quem mais devem a geografia em geral e o conhecimento da África em particular. Suas descobertas no oceano Atlântico Ocidental não datam, como vulgarmente se pensa, do infante Dom Henrique. Já no reinado de Afonso IV, eles conheciam as Canárias e a costa da África além do cabo Não; e, se essas navegações cessaram ou diminuíram até a época de Dom Duarte de Portugal, isso se deveu unicamente às desordens e às guerras de Fernando e de João I. Dom Afonso procurou fazer reconhecer e apoiou Dom Luiz de Lacerda como rei das ilhas Canárias, a que chama de Afortunadas, e de alguns outros domínios que ainda não haviam abraçado a crença em Jesus Cristo. A prova de tudo isso está na continuação dos anais eclesiásticos de Baronius por Oderic Rainald, volume IV, 1.ª e 2.ª coleções.

Se dermos crédito a alguns fragmentos extraídos por Groberg de um manuscrito intitulado Itinerario d'Antoniato Usodimare, *guardado nos arquivos secretos de Gênova, já em 1221 os genoveses se haviam aventurado pelos mares da Guiné. Por isso, Antoniato Usodimare, ao chegar ao Algarves, foi ali convidado pelo infante Dom Henrique para continuar a explorar as costas da África; e, segundo uma carta a seus irmãos, que Groberg conservou para nós, já havia, em sua primeira viagem até o Equador, avançado em suas descobertas e entrado no rio Gâmbia. O que se tem por certo é que, no mapa de Pecigano, publicado em 1367, já se encontra, segundo M. Buache, um desenho bastante exato do litoral da África até o cabo Bojador.*

As descobertas dos portugueses nas costas da África marcaram a aurora da grande revolução comercial e política que a Europa e o mundo inteiro experimentaram e ainda experimentam, revolução que muito deve às conquistas e descobertas dos portugueses na Ásia, na América e em partes da Oceania.

Essas descobertas, iniciadas, como dissemos, no século XIV, continuaram com maior ou menor intensidade durante os séculos XV, XVI, XVII e não se encerraram inteiramente nos tempos modernos. Engana-se quem se apressa em achar que os portugueses não exploraram as regiões meridionais da África com o mesmo zelo com que percorreram as regiões setentrionais, pois estiveram nas províncias do vasto império da Abissínia, na costa oriental desde o cabo da Boa-Esperança até o mar Vermelho, e penetraram no império do monomotapa, nos reinos de Quiteve, Sedanda, Chicova e Butua, e foram ainda mais longe, até as regiões próximas aos estados do Jaga-Caçange, aliado de Portugal, e das fronteiras dos reinos de Angola e de Benguela, que também exploraram e conquistaram. Subiram o Zambeze e o Sena, onde, ainda em nossos dias, possuem as fortalezas de Sena e de Tete. Também navegaram, no outro lado da África, pelos grandes rios Cuango (Zaire), Cuanza e vários outros nos desertos de Angola e Benguela.

No entanto, é de lamentar-se que a maior parte dos relatos sobre as antigas viagens, dos roteiros e dos itinerários dos portugueses esteja completamente perdida ou sepultada sob a poeira das bibliotecas. Quem não lamenta a perda da terceira parte da crônica de dom João I, por Fernão Lopes; da história da Guiné, de Gomes Eanes de Azurara, à qual o célebre historiador [João de] Barros confessa dever tanto; da história da África de Afonso Cerveira; da descrição da África ou da Etiópia do célebre Vasco da Gama; e do extrato dos próprios trabalhos empreendidos pelo infante Dom Henrique, quando sonhava com novas descobertas? Quem não deplora a perda da geografia universal do próprio Barros, que foi o primeiro a determinar a forma e a disposição exata dos mapas hidrográficos e, ajudado por seus colaboradores, criou a verdadeira ciência náutica; a perda da descrição da costa da Guiné por Francisco Lemos, e a da relação das minas da Etiópia oriental pelo padre Francisco de Avelar? Outras obras do mesmo gênero podem ser dadas como perdidas, visto que estão sumidas em poeirentas coleções dos nobres portugueses. Na biblioteca do duque de Cadaval existe uma história da África em um volume in-folio, e um caderno igualmente in-folio que trata de ervas e raízes medicinais descobertas numa determinada época, nos desertos de Angola. Quantas memórias interessantes não figuram, nessas bibliotecas, nas coleções de documentos sob o título Escritos Diversos, nas quais foram reunidas antigas pesquisas e curiosos informes ligados às descobertas dos portugueses! Na já citada biblioteca do duque de Cadaval, existe uma coleção de documentos semelhantes em 18 volumes in-folio, além de outras menores.

Possuo um manuscrito curioso, que mandei copiar da biblioteca pública de Lisboa e que tem por título Descrição sumária do reino de Angola, da descoberta da ilha de Luanda e da grandeza das capitanias do Brasil, *de autoria de Domingos de Abreu de Brito, português, com dedicatória, datada do ano de 1592, ao mui digno e mui poderoso rei Dom Filipe I, para o progresso do Estado e o aumento das rendas de sua coroa. Nele encontram-se indicações muito importantes sobre a ligação por terra do reino de Angola com o reino de Moçambique, o que já então se planejava. A Academia Real de Ciências de Lisboa possui um manuscrito em três volumes in-folio, intitulado* Guerra de Angola, *por Antonio de Oliveira de Cadornega, capitão reformado, cidadão da cidade de São Paulo da Assunção e natural de Vila Viçosa. Cadornega escreveu durante o reinado de João IV. Seus dois primeiros volumes tratam detalhadamente da conquista e da colonização do reino de Angola. O terceiro é dedicado à geografia e às estatísticas daquele país. A mesma Academia possui um atlas num grande in-folio em pergaminho, intitulado* Livro de todo o universo, *feito por Lázaro Luís no ano de 1563. Esse manuscrito compõe-se de dez folhas ou mapas. Atrás da terceira, encontra-se a descrição da costa da África, desde a altura de Trípoli, seguindo todo o litoral até o cabo Lopo Gonçalves, quase em cima do equador. Na quarta, essa descrição continua até o cabo da Boa-Esperança, abrangendo as ilhas vizinhas da África ou dependentes de suas águas. Na quinta, está contida a descrição do cabo da Boa Esperança, da terra de Natal, das minas de Abutua, Quíloa, Mombaça e de parte do litoral até o 9º grau de latitude sul, assim como de um número infinito de ilhas e de baixios oceânicos, dos quais alguns são hoje ou pouco conhecidos ou totalmente ignorados. Essa folha é, sem dúvida, a mais importante desse atlas marítimo. É digno de nota que, a 12º 30' de latitude, ele situa no interior dessa parte da África um lago, de onde o autor faz sair um rio que se dirige para o nordeste, dois outros que correm a pouca distância e que se juntam para formar o rio Sena e, finalmente, mais um, que corre para o sul e some na terra de Natal. Dá a este o nome de Comanhise e indica que se unem a ele, quase em sua embocadura, dois outros rios, um dos quais é o do Espírito Santo. Do mesmo lago sai um outro rio que vai desaguar no cabo Falso, e mais dois outros que vão desembocar na costa ocidental da África. No verso da quinta folha, continua a descrição do reino de Melinde, de Preste João, da terra da Abissínia, do estreito de Meca (Bab-el-Mandeb) e da terra do Egito, com indicação de muitas ilhas, tanto no oceano quanto no mar Vermelho. O que é mais digno de admiração neste trabalho, e mostra a importância das pesquisas marítimas que devemos aos portugueses, é o número quase infinito de posições descritas e os nomes dados aos menores rios, baías e angras de toda a costa africana.*[19]

Nos relatórios anuais das missões dos jesuítas, encontram-se muitas informações importantes sobre a África, e não só sobre sua costa, mas também sobre o interior do país. Entre esses relatos, merece uma menção muito especial o do padre Fernando Guerreiro, impresso em Lisboa em 1605, in-8.

Deixo de recapitular aqui os escritos geográficos e históricos sobre a África impressos em Portugal no século XVI e no começo do século XVII, e que foram em parte traduzidos e inseridos nas coleções estrangeiras de viagens, como as de Ramusio, Kachugt, Purchas, Thevernot, Vandes, etc., por serem bastante conhecidos, embora deles não se tenha extraído tudo o que seria possível para a história cronológica das navegações e das descobertas dos portugueses na África.

Meu sábio e respeitado amigo o ex-ministro [José Bonifácio] d'Andrada [e Silva], que cultivou como um mestre a maioria das ciências naturais, não ficou alheio ao estudo da geografia. Durante sua laboriosa carreira, escreveu muitos tratados que nos dão a mais elevada ideia de seus conhecimentos, mas, por uma fatalidade que os adeptos dessa ciência devem deplorar, jamais essas obras verão a luz do dia. Atormentado e perseguido sem cessar, ora fugindo das fogueiras da inquisição de Lisboa, ora lutando

---

19 É de se crer que na numerosa coleção de manuscritos da Biblioteca Real de Paris existam muitas memórias e escritos relativos às antigas descobertas dos portugueses na África e em outras partes do mundo. (Nota de Menezes de Drummond.)

contra a ignorância e a superstição, ele passa o fim de seus dias exilado na França. É uma lástima que suas obras, frutos de estudos longos e trabalhosos, estejam perdidas, ou, como as do vate lusitano, espalhadas em fragmentos pelo universo. Em Bordeus, onde se encontra, não poderá certamente dar a última demão em seu famoso comentário ao Périplo de Hanon, analisado e comparado com a geografia atual. Seu trabalho lança uma luz cheia de vida sobre esse momento da antiguidade e sobre as opiniões dadas recentemente a esse respeito por Rennel, Gosselin, Malte-Brun, Heeren e muitos outros.

Em suas antiguidades mitológicas e históricas da Europa e da África ocidentais, o Sr. d'Andrada trata da questão da Atlântida com bastante amplitude e a submete àquela crítica sadia que fica igualmente distante do entusiasmo dos românticos e do ceticismo fácil e cômodo. O Sr. d'Andrada também é autor de um ensaio crítico sobre a geografia de Portugal, tratado que não foi publicado e que o mereceria ser, mesmo depois da estatística do Sr. Balbi.

Ao dedicar aqui algumas linhas a essas três obras, minha única intenção foi a de prestar homenagem ao mérito e lamentar, com os amigos das ciências geográficas, a obscuridade em que talvez estejam destinados a se esvair eternamente trabalhos tão louváveis.

É a esse sábio digno de apreço que devo preciosas noções sobre o curso do Níger e sobre a posição das terras circunvizinhas, noções que ele obteve em 1819, no Brasil, de vários negros hauçás. Numa carta que sobre este assunto ele me escreveu de Bordeus, e na qual se inclui o questionário a que ele os submeteu, lê-se a seguinte passagem: "O motivo que me levou a essa pesquisa foi a opinião que em mim ganhara força (por ter lido e meditado sobre essa parte da África), de que o Joliba não ia formar um grande lago sem saída nos charcos de Wangara, onde o calor o faria evaporar-se, nem que fosse o ramo ocidental do Nilo, chamado pelos árabes de rio Branco ou Bar el-Albiad, e menos ainda que, depois de um curso imenso e quase inacreditável, se tornasse esse Cuango ou Zaire que tem sua embocadura no reino do Congo. — O negro Francisco", continua o Sr. d'Andrada, "é muito inteligente e honesto. Sacerdote maometano e mestre-escola em sua pátria, conhece muito bem a língua árabe, sabe contar e escrever, como vos convencereis por uma tradução do pater noster em língua hauçá, escrita por ele em caracteres árabes, que vos envio, assim como um pequeno vocabulário que, por falta de biblioteca, eu não posso comparar àquele que, se não me engano, se encontra no Mitridates de Adelung, continuado por Vater."

Ao publicar as respostas ao questionário que o Sr. d'Andrada apresentou aos seus negros, o pequeno vocabulário hauçá e o texto escrito pelo citado Francisco, devo advertir os meus leitores de que todas as letras das palavras hauçás devem ser pronunciadas como se estivessem em alemão, porque suas consonâncias não podem ser reproduzidas tão fácil e corretamente pelas ortografias francesas e portuguesa e, menos ainda, pela inglesa.

Respostas ao questionário

Mateus, natural de Berni-Daurah,[20] diz que esta é uma cidade de tamanho médio, com casas de paredes de barro e telhados planos do mesmo material. Cercada de muros com seis portas, contém seis mil habitantes. Os povos vizinhos que ele conhece são os de Berni-Kanoh, Berni-Caschênah, Berni-Tzozot, Berni-Zamfara, Berni-Goebert, Berni-Cabih, Berni-Enhau e Berni-Gurumete. E acrescenta que, de Berni-Daurah ao rio Níger, que os hauçás chamam de Gülby, são vinte dias de viagem a cavalo. Já de Berni-Daurah a Berni-Chaschênah o percurso se faz em seis dias, e de Daurah até a capital do grande rei de Bornu, passando pelas cidades de Sossebaky e de Malah, em trinta e cinco dias. Atravessa-se, diz ele, uma grande floresta antes de se chegar à capital, e do lado por onde se entra vê-se uma árvore gigantesca, sob a qual os habitantes vêm tomar a fresca. O comércio de

---

20 Daurah está acima de Kanoh, e Kanoh acima de Zamphara. (Nota de Menezes de Drummond.)

importação dessa cidade consiste em víveres e em artigos de seda comum e de uma outra seda especial, produzida por insetos criados numa árvore chamada samiah.²¹ Mateus foi feito prisioneiro de guerra pelos fukahis [fulanis ou fulas?] que o levaram, passando por Berni-Kanoh, Berni-Zaret, Berni-Bergut, Berni-Bakani e Berni-Gutah.

José diz que Tabaran, sua pátria, é uma cidade grande, cuja população ele supõe que chegue a quase vinte mil almas. Essa cidade fechada possui quatro portas e muralhas de tijolo. As cabanas são de barro, redondas, com uma abertura no centro. Perto de Tabaran, a meio dia de viagem, passa um rio a que dão o nome de Gagailhe, vizinho de um outro chamado Bontulo, ambos desaguando no Kuara, nome que tem o Níger inferior, como veremos mais tarde. O Gargailhe é muito rápido e em sua parte mais estreita tem mais de trezentos braços. O Bontulo é menor. José foi capturado na cidade de Nofeh, que fica a três dias de caminhada de Kuara. Ele havia ido lá negociar. Vendia sal em barras e mariscos e procurava comprar escravos e peças de algodão. De Nofeh, foi levado até as margens do Kuara, que desceu de piroga durante quatro dias. Após desembarcar, foi por terra a Laka e de lá a Katanga.²² Alguns dias depois, chegou ao litoral, onde o embarcaram para o Brasil. Indagando se conhecia o país de Zegzeghis, respondeu que sua capital se chamava Zaila e que, de Tabaran àquela cidade, a caminhada era de dois a três dias. Zaila estende-se por mais de uma légua, nela havendo bosques e roçados. O palácio do rei possui mais de duzentas braças de comprimento. Interrogado sobre qual o caminho que costumava percorrer de sua terra natal até Zaila, respondeu que, saindo de Tabaran, ia dormir em Berni-Garaghi, de onde, no dia seguinte, se dirigia para Pauhah, e desta bela cidade de Pauhah ia para Guga, cidade muito grande, e dali para

---

21 Seria aquela mesma aranha que produzia os fios sedosos que os axantes utilizavam para tecer os seus panos do tipo *kente*?
22 Não parece ser a cidade hauçá de Katanga, que fica a leste de Kano e fora de qualquer roteiro para o litoral. Nem Katunga, também na Hauçalândia, a leste de Rano, muito ao norte do rio Níger. Seria, como penso, Katunga ou Catunga, como era chamada pelos hauçás Oió, a capital do reino do mesmo nome, ao sul de Nupe e do rio Níger?

Ghüiah, que era uma cidade muito maior, pertencente à nação zegzeghi, e, finalmente, de Ghüiah para Zaila, numa caminhada de um dia.

Bernardo, natural de Gober, diz: que essa cidade é bastante grande, toda murada, com várias fortalezas, e que é defendida por soldados de cavalaria e de infantaria. Estes usam um uniforme que parece um camisolão e um boné branco. As armas são espadas, arcos e flechas. Os cavaleiros manejam a azagaia ou a lança; e os soldados que ficam de guarda nas fortalezas possuem fuzis. Bernardo foi capturado no deserto, num lugar chamado Fugah, quando comerciava com sal, e foi conduzido a um porto de mar chamado Agaey, onde o embarcaram para o Brasil. Até Agaey, ele levou cinco meses e meio, só descansando um dia por semana e às vezes menos. Nessa viagem, passou pelas seguintes povoações ou cidades: Yauri, Nofeh, Yerabâh, Aiaschi, Dhiabuh, etc.

Bento, natural de Ghüiah, diz que essa cidade é enorme, com cabanas de barro redondas e cobertas de palha, e que pertence ao rei de Tzotzogh. Interrogado sobre as aldeias ou cidades desse reino, ele citou as seguintes, de cujos nomes se lembrava: Efêrah, Apakah, Schadüh, Gaiâne, Eguruh, Kûtah, situadas entre montanhas, e mais Bakuh, Atlanah, Zobah, Gurusso, Ussalrich, Daidei, Danroro, Ilafanjah, Daalladgeh. Ele acrescenta que o rei de Zegzeghis é vassalo do rei de Bernin-Caschênah, e que os Zegzeghis são mais bárbaros que o povo de Caschênah. Diz ainda que são necessários quarenta dias de viagem para atravessar o reino de Tzotzogh, e que nele se forja o ferro. Feito prisioneiro na sua terra por sequestradores da cidade de Nofeh, foi levado para Akuh, onde embarcou no Kuara, seguindo para Bargu e, finalmente, para Yerâbah, de onde o conduziram para o porto de Aigaschei. Essa viagem durou cinquenta dias.

Bonifácio, natural da aldeia de Kabih [Kebbi], no reino de Zamfara, diz: que a capital tem o mesmo nome do país; que ela é grande, mas murada de um lado só, tendo casas de barro cobertas de palha e várias mesquitas, onde os sacerdotes leem e explicam o Alcorão. Essa cidade pertence ao rei de Haussah, cuja capital é toda murada e os soldados estão armados de flechas, azagaias e espadas, com lâminas fabricadas no país. Os mouros trazem para essa cidade, entre outras mercadorias, o ouro de Tombuto, que se pronuncia assim, e não Tumbuctu. No reino de Haussah, o povo se alimenta de arroz, de durra ou dauah branco (milho grosso comum), de um outro milho chamado gheroh, ainda de um outro ao qual se dá o nome de mainhah, de feijão (naki), de abóbora (kibush), de carne de vaca, cabra, carneiro e elefante. Naquele reino há búfalos ou bois selvagens (kuanki), mulas, cavalos, hipopótamos (dorinah), veados, javalis, leões e leopardos. Interrogado sobre o Níger, respondeu que na língua geral hauçá chama-se Gülbi, que percorre o país de Zamfara, onde frequentemente tem apenas vinte braças de largura, embora abundante em peixes e navegável por pirogas. De lá, ele se dirige à terra de Uângara e, depois, ao lago de Kaduna, à saída do qual perde o nome e passa a se chamar Kuara, como o país vizinho a Calabar. Do lado esquerdo do rio corre uma cadeia de montanhas chamadas Daba-Gülbi, que são bem altas, e do lado direito fica o reino de Bornuh. Interrogado sobre quais as partes dessa região que ele conhecia e havia percorrido, respondeu que tinha estado em Haussah, Caschênah, Melli, Ganah, Bornuh, que é um país grande, cujo rei, segundo sua expressão, domina tudo, Daurah, que também tem um rei poderoso, Kanoh e Kurnah. Ele esteve também em Tombuto, que é uma cidade muito importante e cercada de muros, cujos nobres e ricos andam a cavalo com camisas brancas ou azuis escuras, feitas localmente. Nessa cidade, há pedreiros, carpinteiros, ferreiros, alfaiates, ourives que trabalham com ouro e prata, etc. etc. No seu território existem minas de ouro que são exploradas. Bonifácio foi capturado por bandoleiros Bautschi e levado para Tombuto e de lá para Yhaury e Nofeh, onde atravessou de piroga o Gülby, que lá se chama Kuara e possui mais de uma légua de largura. Desembarcado em

Yerâbah, levaram-no por terra para o forte de São Jorge de Mina, onde o venderam para o Brasil. No país de Yerâbah existe uma grande cidade chamada Katango. Esclarece que nessa região até Nofeh se falam outras línguas. Do lugar em que ele foi aprisionado até sua chegada ao forte São de Jorge [da Mina], passaram-se perto de seis meses de viagem, descansando, porém, dois ou três dias e até mais, nas aldeias por onde passavam.

Finalmente, Francisco, homem muito inteligente e sábio, que exerceu as funções de sacerdote e de diretor de uma escola pública, diz ser natural do reino de Kanoh ou Ganoh, país montanhoso, e que nasceu em Toobah, cidade de mais de quatro mil habitantes; nela, as casas são de barro, redondas, cobertas de palha, cercadas de muros com quatro portas; conta que perto de Toobah corre o rio Utiri que, reunindo-se ao Koghi, vai desaguar no Kuara. Acrescenta que o Gülby, após um percurso muito longo desde Kanoh ou Ganoh, entra na terra de Kuara, da qual toma o nome, e de lá vai desembocar no mar Kogui-Udil. Antes de ser aprisionado e conduzido ao litoral para ser vendido, Francisco fora a Tombuto, numa caravana de 160 camelos, com cavalos, roupas e escravos para vender. Ele descreveu assim seu itinerário.

O primeiro país ou reino pelo qual passou, no percurso de Kanoh a Tombuto, foi o de Daurah. Atravessou, em seguida, Berni-Schachena, Berni-Gurgar, Zamfara, Ulumdar, Mallay, Galefaty e Afbey. A cáfila entrou depois num deserto ou vasta planície e a percorreu durante um mês e meio até chegar a Tombuto, onde os membros da caravana ficaram por algum tempo, a fim de vender suas mercadorias e, em troca, comprar outras, que consistiam em cordões de seda, ouro, roupas de seda, espadas e fuzis. Essa viagem, com as paradas nas diversas povoações do caminho e a estada em Tombuto, durou cinco meses. Francisco declarou que foi aprisionado no reino de Tzotzotet e que de lá o levaram para Maskah, Ghuia, Benihguari, Audelah, Bocany e Sansany, até onde se estende a língua hauçá, se bem que esses dois últimos territórios tenham também idioma próprio. Em Sansany, ele atravessou para a margem direita do Gülby (que dali em diante se chama

Kuara), e foi em seguida conduzido a Lacak, Katanga, Gehbüh e Ico, onde foi comprado por um português e embarcado num rio que existe ali, até o porto de mar de Aghey,²³ de onde então partiu para o Brasil. Até Aghey, foram três meses de viagem, descansando ao todo só oito dias. Franscico afirma que o reino de Haussah possui minas de cobre e de ferro. E acrescenta que, partindo de Toobah, sua pátria, para ir até a margem do Gülby no reino de Yerâbah, viajou durante três meses, passando por Caschênah, Tzotzoh, Salkinguari e Solkinuti. Ele menciona a cidade de Berguhest, vizinha do Gülby ou Níger, e assevera que a cidade de Haussah, capital do reino desse nome, é bastante extensa, amuralhada, e que nela se ingressa por sete portas; que o palácio do rei é de taipa, coberto por um teto plano coberto de argila; que as armas dos soldados de infantaria são arcos, flechas, espadas, e que as dos cavaleiros são azagaias; que lá se fabricam tecidos de algodão que tingem de preto dentro de tanques; que a gente da terra explora as minas de ouro e ferro que lá existem; que são muitas as oficinas de carpinteiros, pedreiros, ourives, etc.; e que no campo os moradores cultivam trigo em abundância, do qual fazem farinha e pão, e milho, três tipos de milhetes, o branco (parparah), o preto (dgedava) e o comprido (dgroh), melancia, batata doce, batata roxa, arroz (dgeneava), cebola, alho, mandioca doce ou aipim. Possuem bois com corcovas, camelos, cavalos, burros, asnos e elefantes, cuja carne algumas pessoas comem, hipopótamos, cervos, javalis, leões, leopardos e zebras. Na cidade de Haussah, veem-se mesquitas com sacerdotes que explicam o Alcorão. As crianças são circuncidadas aos sete ou oito anos de idade. Francisco afirma que em suas viagens, foi de Haussah a Kashênah, Beningnole, Nofeh, Nogo, Djebu, Djeje e Kotagni. Acrescenta que passou também pelo país de Libous. Quanto a Tombuto, conta que é uma cidade grande cercada de muros de pedra e barro, guarnecidos de peças

---

23 Ele possivelmente foi transportado por canoa de Lagos e Aguê pela faixa de lagunas, rios, furos, esteiros e canais que acompanham a costa desde o reino do Benim até quase o rio Volta.

de artilharia de um calibre razoável, e que nela se entra por sete portas; que os soldados de infantaria levam arco, flechas, espada e, vários deles, fuzil; que os cavaleiros vão armados de espada, azagaias ou dardos; que usam uma capa com capuz; que o rei tem três mulheres e que cada um de seus vassalos pode ter o mesmo número. Diz ainda que as gentes mouras, Ulumâdah, Larabah, Galfaty vêm a Tombuto a negócio. Os mouros trazem para vender roupa de seda e de linho, joias de ouro e prata e bonés. Adquirem roupas de algodão, escravos, cavalos e camelos. Os Ulamâdahs não trazem mercadoria para vender; pedem esmola, interpretam sonhos e leem a sorte. Os Larabahs chegam com artigos de seda, lã e linho, ferro, prata, facas e agulhas, e levam em troca camelos, tinta preta, cavalos, escravos, trigo, arroz, roupas de algodão preto, couro de boi cortado e tingido de preto, amarelo ou vermelho, fabricado em Tombuto. Não são só escravos que trabalham a terra; homens livres também se dedicam a cultivá-la. Há lá um grande sacerdote, espécie de arcebispo a que se dá o nome de Malen-issumah (pai santo), chamado também pai do rei. Os sacerdotes que prestam serviço nas mesquitas são mantidos pelo estado e dirigem as escolas onde os jovens aprendem os fundamentos da religião, a ler, a escrever e a calcular.

Ao comparar os dados recolhidos pelo questionário apresentado a esses negros com os que encontramos difundidos por aí, mais ou menos confusos ou inexatos, sobre essa região e o Níger, concluímos que esse rio, em seu curso superior através do território hauçá, recebe o nome de Joliba ou Jaliba; que de lá até Augara e o lago de Kaduna, é conhecido pelos ribeirinhos pelo mesmo nome que lhe dá Abderrahman-Aga (Neus Deutsches Museum 3, página 987), e que, do lago de Kaduna até o mar é chamado, nas terras que atravessa, de Kuara, e que os negros interrogados dão esse nome não somente ao rio, mas também à região. O Kuara, vizinho do Calabar, provavelmente não é senão o Ware, que os mapas modernos situam ao sul de Benim e tem sua embocadura no golfo da Guiné.

JOSÉ BONIFÁCIO E O CURSO DO NÍGER

Nesse golfo deságuam vários rios que parecem ser apenas braços de um só, formando um delta maior que o do Ganges. Toda essa costa era chamada pelos portugueses de Costa dos Escravos. É nesse vasto golfo que deságuam (segundo diversos geógrafos e navegadores do século XVII, na maior parte holandeses) o rio Formoso, ou do Benim, o dos Forcados, o de Branches, o de Fous, o Sangama, o Non, o Odi, o Felana, o São Nicolau, o Meïas, o São Bartolomeu, o novo Calabar, o rio do Rei, cuja embocadura tem de sete a oito milhas de largura e cumpre, vindo do norte, um longo percurso.

O famoso e intrépido viajante Belzoni, que morreu recentemente no Benim, em busca do Joliba, acreditava fortemente, pelas informações que reuniu, que aquele rio ou Níger se lançava ao mar no delta de que acabei de falar. Segundo ele, o Níger deságua no Golfo da Guiné por sete braços, que são o rio Formoso, ou do Benim, o dos Escravos, o de Branches, o Boni, o novo Calabar, o velho Calabar e o rio do Rei, o que está perfeitamente de acordo com o itinerário que o rei do Benim deu a Belzoni pouco tempo antes de este dar início à viagem em que morreu. Nesse itinerário, que é extremamente curioso, indica-se que seis dias de caminhada separam Benim de Djabi, três Djabi de Eyut, nove Eyut de Tapa, três Tapa de Haussah. Dele consta que, acima de Tangara, é preciso atravessar um rio caudaloso que corre para o sul e vai desembocar por sete braços no golfo da Guiné.

Um marinheiro negro, natural de Haussah, chamado Guillaume Pasco, ou, na língua de seu país, Abubuker, que servia na Marinha inglesa, e que Belzoni conheceu a bordo do "Owen-Glendower", contou-lhe que, em 1805, havia saído da cidade de Caschenah, com uma caravana que levava escravos para vender na costa. Em quatro dias, ou 37 léguas, na proporção de nove léguas por dia a cavalo, chegou a um grande rio que corria para leste e vinha de Gober (seria esse a Gober dos negros?) e, após cinco dias mais, topou um rio ainda mais largo chamado Gülby, que corre pelo território de Guari e Noofy (não seria esse o Nofeh dos negros?). Ele achava que esses dois rios formavam um só em Zugum, perto de Caba, e que, depois, se dirigia na direção leste para Bernin-Bornuh. Após um dia de viagem, havia, a oeste de Caschenah, uma cidade chamada Tulieni; de lá, contados três outros dias na mesma direção, outra, chamada Zamfara. Dois de viagem depois, sempre para a mesma banda, ficava a capital de Gober, Alkali, construída à beira do Gülby. Esse marinheiro tinha ouvido de seu avô que Berni-Beruh estava situada a 14 dias, a leste, de Berni-Caschenah.

Dois dos negros interrogados pelo Sr. d'Andrada concordam em que o Kuara deságua no mar em Udil, que outro chama de Kogui-Udil. Esse Udil seria o mesmo Udil de Al-Idrisi, que diz que o Nilo dos negros desemboca defronte a uma ilha desse nome, de onde se exporta bastante sal? O geógrafo árabe Ibn Al-Uardi chama esse lugar de Ulili, mas afirma ser uma cidade. Segundo os antigos mapas portugueses, seguidos por Danville, na embocadura do velho Calabar há uma ilha coberta de uma camada de sal e, na costa adjacente, uma cidade chamada Olil.

Parece-me que o Níger e suas ramificações correm por uma grande planície ou vale que separa a cadeia de montanhas da Senegâmbia da cadeia de montanhas ditas da Lua, que suponho serem as que o negro Bonifácio chama de Daba-Gülby. É de notar-se que o famoso historiador português [João de] Barros, no 3.º livro de sua Primeira Década, conta que o rei do Benim era vassalo do rei de Gana, sobre o Níger.²⁴ Al-Idrisi refere-se a uma rota pela qual se vai de Gana (o Kano ou Kanoh de nossos negros) até Ulil em 42 dias; e esses 42 dias, se os calculamos, como o negro Pasco, de nove léguas a cavalo, perfazem 378 léguas. Ora, se o negro Francisco diz que, ao ir de Toobah, no país de Kanoh, até Yerabah, última cidade do Kuara — onde os escravos, que vão ser vendidos na costa de Mina, deixam de seguir

---

24 João de Barros não se refere a um rei de Gana (ou Kano) sobre o Níger, mas ao *ogané* ou *oguene*, que exerceria uma espécie de suserania espiritual sobre o rei do Benim. O *ogané* é geralmente identificado com o rei ou *oni* de Ifé, que fica longe do Níger.

na direção sul e tomam a direção oeste, a fim de ser embarcados —, levou três meses, durante os quais descansou pelo menos dois dias por semana, e se as caravanas que conduzem os escravos a pé e amarrados costumam fazer tantas ou mais paradas, dos noventa dias, descontados 24 de descanso, restam 66 que, de 16 milhas no máximo, perfazem 1.056 milhas, ou 352 léguas. É preciso observar que o itinerário dessa viagem não é em linha reta, mas passando por Caschenah, Tzatzo, Salkinguari e Salkinubi. De modo que temos uma distância de menos 26 léguas do que foi calculado no itinerário de Al-Idrisi, de Kano até Ulil, e essas 26 léguas, juntando-as às que haveria a mais se esses negros tivessem viajado em linha reta, são suficientes para cobrir a distância do Kuara desde Yebârah até o mar.

Da última viagem de [Dixon] Denham e [Hugh] Clapperton, publicada recentemente na Inglaterra,[25] *e da qual apareceu uma tradução em Paris, só conheço os trechos que foram transcritos em algumas revistas. Se formos julgar pelo extrato feito dessa obra na* Quaterly Review, *ainda existiriam as mesmas dúvidas quanto ao curso do Níger e sua foz. Disso resulta que alguns nomes de terras nele mencionados estão de acordo com as informações de meus negros. Fala-se, por exemplo, de Yuri (perto de onde morreu Mungo-Park), que, sem dúvida alguma, não é senão o Yuari dos negros, no caminho que vai de Tombuto a Noseh; do rio Kuara e de uma grande rota entre Raka e Yerba, que não podem deixar de ser nosso Laka e nosso Yerâbah; da grande terra dos Felathas, que parece ser a dos Fulanins dos negros, ou fulas dos historiadores e geógrafos portugueses, cujo rei [Muhammed] Bello invadiu e dominou várias províncias e reinos do interior. Sua corte agora se mantém na nova cidade de Sakatou e parece ser tão poderosa quanto era, no tempo de nossos negros, o grande rei de Bornough, cuja força é hoje bem menor. Clapperton situa essa cidade de Sakatou a 13º 4' 52" de latitude norte e a 6º 12' de longitude leste, perto de um rio cuja nascente fica entre*

---

25 *Narrative of Travels and Discoveries in Northern and Central Africa, in the Years 1822, 1823, and 1824,* Boston / Philadelphia: Cummings, Hilliard & Co./ Carey & Lea, 1826.

Caschenah e Kanoh e que, segundo ele, deságua no Guarroh, Kaouaroh, ou Kuara, que é o verdadeiro nome que lhe dão os hauçás. Também vemos em Clapperton que Raka (nossa Laka) é a última cidade do sultão dos Felathas sobre o Kuara, onde descarregam os barcos vindos de Tombuto. De Raka, as caravanas iam por terra a Yerâbah e depois a Atogara, perto da costa marítima. O major Denham supõe que o Scharinaô não é o mesmo que o Kuara e, numa nova hipótese, ele acha que o Joliba de Mungo-Park vai desaguar no rio dos Circuitos. Essas informações são, contudo, tão confusas e obscuras, que ainda não posso saber com certeza se o lago Tsaad, que algumas pessoas também chamam de Gkud, é um lago isolado e sem saída, ou se ele é o lago de Cadna, de que fala o negro Bonifácio, homem bastante instruído e muito digno de crédito. Também ainda não tenho certeza se o rio Yaou, ou Yeou — que dizem vir do oeste e desaguar no lago de Tsaad na direção norte-noroeste — entra nesse lago ou sai pelo lado do mar. O que me parece certo é que esses viajantes hoje já não têm dúvida de que o Níger de Tombuto e de Haussah desemboca no golfo da Guiné.

Pequeno vocabulário da língua hauçá

Deus	*Alá*
O céu	*Bessa e sama*
A terra	*Cassa*
A água	*Roah (r brando)*
O fogo	*Utah*
O sol	*Ranah (r brando)*
A lua	*Uatah*
O homem	*Mutum*
A mulher	*Matché*
Uma criança	*Yago, calamim*
O pai	*Ubah*

Meu pai	*Ubahua (322)*
A mãe	*Uhah*
O filho	*Damerih*
A filha	*Deah*
O irmão	*Kanih, daah*
A irmã	*Uah, canuah*
A cabeça	*Kai*
Os olhos	*Edduh, édami*
As orelhas	*Kloinéh, choni*
O nariz	*Auschi*
A boca	*Bailih, bachi*
A língua	*Arschi*
Os dentes	*Archora (h aspirado)*
A mão	*Kanuh*
Um dedo da mão	*Pharsi*
O pé	*Caphah*
O pão	*Massa*
O dia	*Suahfeah*
A manhã	*Suba*
A noite	*Dherin*
Bom	*Nagalih*
Mau	*Babekiu*
Coração	*Sussiah*
Um	*Dhaah*
Dois	*Biuh*
Três	*O'kuh*
Quatro	*O'duh*
Cinco	*Vialh*
Seis	*Tchaëdah*

Sete	*Takuass*
Nove	*Tarah*
Dez	*Gomo*
Um monte	*Duchih*
Um ovo	*Cuai*
Uma galinha	*Cazah*
Carne	*Nama*
Um elefante	*Ghinah*
Uma cabra	*Akhuiah*
Uma vaca	*Sanha, sanuah*
O leite	*Nonô*
Um cavalo	*Dochi*
Um asno	*Alfadarih*
Uma igreja	*Mapalhassi*
Um cemitério	*Cuschériih*
Uma casa	*Ghidah*
Cerca	*Darneh*
Tabique	*Bongo*
Porta	*Koffat*
Chave	*Mabuchikoffah*
Cesta	*Kuandu*
Feijão	*Uahkhé, koudoh*
Milho	*Daomapahra*
Arroz	*Sinkaffa*
Prata	*Azulfah*
Ouro	*Zinariah*
Cobre	*Gaschi*
Pedra	*Duchi, ducih*
Barro	*Capa*

JOSÉ BONIFÁCIO E O CURSO DO NÍGER

Mandioca	*Rogoh*
Sacerdote	*Mallem*
Vigário	*Lima*
Crocodilo	*Kada*
Peixe	*Kivé*
Rei	*Sarequi*

OS ILUMINISTAS, OS AFRICANOS E A ESCRAVIDÃO

Até o século XVIII, a escravidão, como sistema de recrutar e conservar à força, explorando o trabalho de outros seres humanos, não precisava de defensores no mundo atlântico e mediterrâneo. Era tida como fato natural, aceita pelos livros sagrados e por grandes filósofos, sancionada pela tradição do Direito, por santos da Igreja e pelo papado. Poucas foram as vozes, e, na maior parte dos casos, sem maior ressonância, que a puseram em debate ou a condenaram. Entre elas, e cedo, ainda no século XVI, a do português Fernando de Oliveira, na sua *Arte da guerra do mar*, publicada, em Coimbra, em 1555, a do dominicano espanhol Martín de Ledesma, que se insurgiu, na sua obra *Commentaria in Quartum Setentiarum*, editada também em Coimbra, em 1560, contra a escravização dos negros, e, vindas do Brasil, as dos jesuítas Miguel Garcia e Gonçalo Leite, no fim de Quinhentos, e, logo em seguida, soando em Cabo Verde, a do bispo D. Pedro Brandão.

Já, no século seguinte, as do jesuíta Alonso de Sandoval, em Cartagena de Índias, e do padre António Vieira, do mesmo modo que, antes delas, as de frei Amador Arrais, revelar-se-iam, aqui, indignadas, ali, complacentes ou tímidas, mais adiante, ambíguas ou contraditórias. Vieira condenou a escravização dos ameríndios, mas recomendou como remédio a dos africanos; pôs-se ao lado dos negros que a sofriam, mas não advogou a sua extinção; definiu o escravismo como nascido da violência e uma perversão moral, porém considerou um milagre da misericórdia o serem os africanos trazidos à força para o Brasil, porque passaram a ter acesso à verdade cristã e salvar as suas almas; recomendou obediência e resignação aos cativos, mas lhes assemelhou o martírio à paixão de Jesus e abriu para os senhores de escravos as portas do inferno.

Eram todos eles dissonantes e esdrúxulos, do mesmo modo que aquele Jean Bodin, que, pela mesma época, na França, procurou refutar com veemência e rigor os principais argumentos daqueles que legitimavam filosoficamente a escravidão. E, entre esses, estavam Platão, que garantiu espaço para a escravaria na sua República e advogou leis duríssimas para enquadrá-la, e Aristóteles, para quem a escravidão apresentava-se como natural, concorde com a razão e essencial à ordem do mundo.

Gregos e latinos, com a exceção de alguns sofistas, cínicos e estoicos, não fizeram maiores reparos à escravatura nem a ela se opuseram como instituição. Não só o *Código Justiniano* a validava, mas também a lição da história, pois a sociedade e o Estado romanos, tidos, na Europa renascentista e moderna, por paradigmáticos, se assentaram sobre o escravo: era este quem liberava os cidadãos para o manejo da política e as criações da sensibilidade e da inteligência.

No Antigo e no Novo Testamentos, a escravidão aparece como fato natural: não é justificada nem condenada. Para os cristãos dos primeiros séculos, era irrelevante ser-se escravo ou livre; o que era importante era como cada qual manejava na alma a sua condição: quem vivesse a experiência do cativeiro para a glória de Deus, Dele ganharia a verdadeira liberdade. Doutores da Igreja, e dos mais lustres, aceitavam a escravidão. Santo Agostinho tinha-a como consequência do pecado — não havia escravo que não merecesse ser escravo — e a inscrevia no grande esquema ordenado do mundo. Santo Isidoro de Sevilha julgava-a de origem divina e destinada a resgatar o cativo de sua perversidade genética. E Santo

Tomás de Aquino, que teorizou demoradamente sobre a escravidão, considerou-a, ainda que dolorosa, útil e necessária ao cumprimento dos propósitos da natureza.

Já no século XVI, Lutero afirmava que o reino deste mundo não se sustentaria sem escravos, e Thomas Morus manteve a escravidão na sua Utopia. A escravidão, por natural, não recebeu uma linha contra ela de Erasmo, nem, no Seiscentos, de Descartes, Malebranche, Pascal ou Espinoza. É fato que os protestantes holandeses a condenaram inicialmente, mas tão logo se defrontaram com a necessidade de abastecer de mão de obra as plantações de açúcar do Nordeste do Brasil, encontraram autores como Godfridus Cornelisz Udeman e o pai do Direito Internacional, Hugo Grotius, que, com argumentos elaboradíssimos, a justificaram.

John Locke qualificou-a de vil e miserável, mas não só a teve por útil à ordem social, como foi acionista da Royal African Company, que se dedicava ao comércio de negros. E lembre-se que Locke, embora escrevendo no fim do século XVII, já era um ilustrado, um homem das Luzes. Pertencia ao que se poderia chamar de primeira geração do Iluminismo e teorizou em defesa da liberdade individual e da igualdade entre os seres humanos.

Aos que, pouco depois, lhe seguiram as ideias parecia evidente que a escravidão era contrária à natureza e, para a maioria deles, errada onde quer se praticasse. Não seriam eles, contudo, os homens da ciência e da razão, que formariam o grande coro e forneceriam os principais solistas ao longo, duro, intenso e concertado combate que seria dado ao tráfico de escravos e, quase concomitantemente, aos regimes escravistas, mas, sim, os homens da fé. E, entre estes, destacar-se-iam certos grupos cristãos que se haviam distanciado das grandes igrejas e das grandes confissões. Como os *quakers* e os evangélicos. Era uma nova leitura dos textos sagrados e uma nova concepção da caridade o que a todos eles movia. Apartavam-se da compulsão da autoridade, e até mesmo de seu prestígio, com um espírito não muito diferente daquele que empurrava os filósofos da Ilustração a contestarem Aristóteles.

Como críticos da escravidão, nem Rosseau, nem Diderot, nem Montesquieu, nem Voltaire, nem Condorcet, nem Hume, nem qualquer outro grande nome do Iluminismo — exceto talvez o abade Guillaume-Thomas Raynal — teve a audiência entusiasmada daqueles pregadores cristãos, nem arrastaram atrás de si as multidões irresistíveis que, na Grã-Bretanha, acompanharam Graville Sharp, Thomas Clarkson e William Wilbertforce na campanha pela abolição do tráfico negreiro. No entanto, esse movimento religioso antiescravista começou sem prestígio intelectual, porque integrado por pessoas tidas como extravagantes, como aqueles que, em 1736, concordaram com Bejamin Lay, quando este tachou a escravidão de "pecado sujo" e considerou o antiescravismo o teste crucial da pureza religiosa. Lay criticava os seus, já que muitos *quakers* eram, na América, por aquela época e sem maiores remorsos, possuidores de escravos, e outros, em diferentes praias do Atlântico, estavam envolvidos no comércio de negros. A situação mudaria inteiramente, pouco mais tarde, depois que John Woolman e Anthony Benezet convenceram a Sociedade de Amigos de que a escravidão era o contrário da verdade cristã. E outros o fizeram entre católicos e anglicanos, baptistas e metodistas, igualmente tomados por um forte sentimento de culpa.

Embora lhes repugnasse o deísmo de tantos deles, não foram poucos os religiosos abolicionistas que tiveram em suas estantes os autores do Iluminismo e usaram argumentos que neles colhiam, num debate em que se viram quase sempre superados pela quantidade de livros e folhetos que, na Europa e nas Américas, se publicavam em favor da justeza e dos méritos sociais do escravismo, considerado essencial à saúde do continente americano. O Século das Luzes foi, assim, contraditoriamente, aquele em que mais se fez a defesa da escravidão. E aquele que assistiu ao apogeu do tráfico de africanos e ao enriquecimento dele resultante. Arrancaram-se tantos negros da África nos Setecentos quanto os que, somados, dela saíram nos séculos XVI, XVII e XIX. Ou talvez mais.

Muitos desses apologistas da escravidão consideravam-se homens da razão e da ciência, como, por exemplo, o bispo Azeredo Coutinho, um dos primeiros economistas em língua portuguesa, que não hesitou em advogar com veemêcia em favor do tráfico de escravos. Apesar de seu pensamento econômico estar afinado com o século, talvez se hesite em considerá-lo um iluminista. Já é difícil deixar de ter como um homem da Ilustração a Edmund Burke. E Burke definia a escravidão como "um mal incurável". Embora reconhecesse que o tráfico negreiro era responsável "pelo assassinato anual de milhares de inocentes", tinha-o como necessário ao povoamento da América.

Não era apenas, contudo, em autores como Burke ou Azeredo Coutinho que se iam buscar razões em favor da escravidão, mas também, e com mais facilidades do que argúcia, nos grandes nomes do Iluminismo que a ela se opunham ou que haviam desmontado os argumentos da tradição e da autoridade sobre os quais se assentava a ideologia escravocrata. A começar por Montesquieu, para quem "a escravidão era contra o direito natural, pelo qual todos os homens nascem livres e independentes".

A Montesquieu devem-se alguns dos textos mais bem pensados contra o escravismo. Mas, como tudo que é composto tendo em vista o bom entendimento das coisas, e não sob o influxo da paixão, contêm eles o seu tanto de mas, porém, contudo e todavia. Nessas adversativas, e nas qualificações, e nos exemplos históricos, e nas comparações, e nas ironias, e até nas sátiras encontraram os partidários da escravidão as brechas que procuravam. E algumas lhes abriu o próprio Montesquieu, ao admitir, por exemplo, que o escravismo poderia ter uma base racional num estado despótico ou que, se não tinha função e utilidade na Europa, onde eram grandes os estímulos ao trabalho voluntário e remunerado, a razão natural podia justificá-lo nos países tropicais, onde o calor fazia os homens indolentes, a tal ponto que só o medo do castigo os levaria à execução das tarefas pesadas. Voltaire, por sua vez, tão enfático em sua condenação ao escravismo (apesar dos investimentos que tinha, ao que consta, em empresa ligada ao tráfico negreiro), dava uma deixa preciosa aos que justificavam ou defendiam a escravidão, ao afirmar que esta era "tão antiga quanto a guerra, e a guerra, quanto a natureza humana".

No fim do século XVII, negro, na Europa e nas Américas, tornara-se sinônimo de escravo, e se acentuaram os preconceitos contra a sua aparência e cor. E também contra a sua cultura, tida por primitiva e entretecida de crueldades. Desses preconceitos estava isento Montesquieu, mas não Voltaire, David Hume e outros iluministas, que viam os africanos num dos degraus mais baixos do que consideravam a progressão histórica. Alguns excertos de um longo parágrafo de Hume são significativos:

> Eu me incluo a suspeitar que os negros são naturalmente inferiores aos brancos. Praticamente nunca existiu uma nação civilizada com aquela compleição, nem sequer um indivíduo eminente seja na ação, seja na especulação. Não existem manufaturas engenhosas entre eles, nem artes, nem ciências. [...] Sem mencionar nossas colônias, existem escravos negros dispersos por toda a Europa, e nunca se descobriu em qualquer um deles algum sinal de engenhosidade. [...] Na Jamaica, de fato, falam do negro como um homem de mérito e cultura; mas é provável que ele seja admirado por pequenas conquistas, como um papagaio, que é capaz de pronunciar algumas palavras com clareza.

Thomas Jefferson não lhe ficou muito atrás: considerava que a capacidade do negro de usar a razão era inferior à do branco, deixando claro que "nunca encontrara um negro que fosse além da narrativa linear".

Mais um passo e a tese da inferioridade biológica do negro começaria a vestir-se de ciência. Com, entre outros, Buffon, para quem o homem branco era a norma, e o negro, o desvio. A negritude seria uma espécie de degenerescência do homem verdadeiro, o europeu. E é dessa época uma espécie de gráfico da inteligência, no qual, no patamar mais baixo, ficava um bosquímano e no mais alto Isaac Newton. O negro estava logo acima do coissá. Mesmo muitos daqueles que não acreditavam em superioridade e inferioridade raciais, como Lineu, não demoravam em definir o africano como despido de senso moral e de firmeza de vontade, indolente e pouco propenso ao raciocínio, deixando-se governar pelos caprichos.

Esses desenhos pretensamente científicos de um negro que não havia atingido a plenitude da humanidade, ou como um bárbaro por natureza estúpido, ou como incapaz de atingir o entendimento adulto, ou como culturalmente atrasado, davam munição aos escravocratas, Se, no Quinhentos e no Seiscentos, a escravização podia ser considerada como uma meio de encaminhar o bom selvagem ao conhecimento de Deus, de revelar-lhe a verdadeira fé e, assim, poder salvar-lhe a alma, ela será defendida, nos séculos XVIII e XIX, como um processo educativo, de desinfantilização e destinado a dar utilidade a seres que, outro modo, seriam socialmente imprestáveis. A escravização punha conteúdo, ainda que de forma dolorosa, num corpo mental ou culturalmente vazio.

A resposta dos abolicionistas teve vários matizes. Adam Smith não teve dúvidas em fazer uma comparação moral. Para ele, "não havia um só negro da costa da África que não possuísse [...] um grau de magnanimidade que a alma de seu sórdido dono era com frequência incapaz de conceber". E Adam Smith, nas pegadas de Turgot e dos fisiocratas, mostraria que a escravidão era antieconômica — a menos produtiva forma de trabalho — e contrária à boa razão e aos interesses dos indivíduos e das nações.

Os colaboradores da obra do abade Raynal, *Histoire des deux Indes*, entre os quais se incluíam Diderot, D'Holbach, Saint-Lambert e Jean de Pechméja, seriam ainda mais radicais. Nesse livro, que foi lidíssimo na Europa e nas Américas, repete-se o argumento de Diderot de que, sendo a escravidão ilegal, tinham os cativos o legítimo direito de empregarem todo e qualquer meio ao alcance deles, inclusive os mais violentos, para recuperar a liberdade. Surge então a figura, ainda no plano da esperança, do herói negro que restabeleceria os direitos da espécie humana, herói que tomaria forma histórica, poucos anos depois, com Toussaint L'Ouverture.

A ilegalidade da escravidão é um tema que atravessa a literatura antiescravocrata. Encontrou ela, porém, a mais simples, direta e concisa das exposições no verbete da *Encyclopédie* sobre o tráfico negreiro, redigido por De Jaucourt. Ali se lê que qualquer escravo tem o direito de declarar-se livre, pois nunca perdeu a liberdade, e nunca a perdeu porque lhe era impossível perdê-la, já que nem seu rei, nem seu pai, nem quem quer que fosse tinha o direito de aliená-la; a venda de sua pessoa era, portanto, nula. E como ninguém se despe de seus direitos naturais e pode reclamá-los onde quer que esteja, atentava contra a humanidade juiz que não libertava imediatamente o escravo que ante ele comparecesse.

Não se conclua, pelo que precede, que a escravidão tenha sido um tema central no pensamento dos iluministas. Ela aparece geralmente como um tópico secundário nas longas digressões sobre a liberdade e os direitos humanos. Era a Europa — e os processos de pensar e de produzir e organizar o conhecimento — que eles desejavam, prioritariamente, reformar, e não a África ou as Américas. Nos seus escritos, o escravo e o negro serão sempre, ou quase sempre, figuras abstratas. Não se esforçaram por conhecê-los nem o continente de onde provinham. Essa tarefa caberia aos religiosos, aos pregadores abolicionistas e aos viajantes.

Houve excepções, claro. Como, entre os iluministas tardios ou da última geração de ilustrados, José Bonifácio de Andrada e Silva. Antes de seu regresso ao Brasil — onde se tornaria a figura central do processo de independência, trazendo consigo seis mil livros e uma enorme coleção mineralógica —, o ex-secretário da Academia das Ciências de Lisboa já construíra uma importante obra de naturalista, sobretudo no campo da mineralogia. No Brasil, não só foi o primeiro a apresentar um projeto para a paulatina extinção da escravatura, mas, homem afeito à observação científica, procurou conversar com os escravos e deles saber como eram as terras da África.

São muitas as anotações sobre a África e os africanos que encontramos em seus papéis. O seu trabalho mais importante sobre o tema, "Notícia do interior da África e curso do Nilo", não foi até agora localizado, mas dele sabemos, e muito, pelos trechos publicados por António de Menezes Vasconcelos de Drummod, num longo artigo intitulado "Lettres sur l'Afrique ancienne et moderne", que se pode ler no número de Dezembro de 1826 do *Jounal des Voyages, découverts e navigations modernes ou Archives géographiques du XIX siécle*.

Depois de afirmar, como coisa sua, que os negros eram uma das raças mais antigas e puras do universo e que o Egito muito devia à civilização de Méroe, Menezes de Drummond refere-se aos estudos geográficos de seu grande amigo José Bonifácio, então exilado em Bordeaux, e nos conta como aquele sábio — é assim que o trata no artigo — recolheu de seis escravos hauçás, em 1819, no Brasil, informações sobre o curso do Níger que desmentiam inteiramente as hipóteses até então formuladas.

A parte mais importante do artigo de Menezes de Drummond é aquela em que transcreve o que escreveu José Bonifácio sobre o que lhe ensinaram os hauçás a respeito da geografia, da arquitetura, das muralhas, dos exércitos e dos costumes do Sudão Ocidental. Nos relatos dos seis escravos reconhecemos, entre outras cidades, Kano, Katsina, Kaduna, Gobir, Daura, Sokoto com o sultão fula Muhamed Bello, Zamfara, Bornu e até mesmo o porto atlântico de Agoué. Segue-se a tais relatos um pequeno vocabulário da língua hauçá, também recolhido por José Bonifácio.

Este ouvia com respeito os seus informantes. Queria aprender com eles. E tomava nota cuidadosamente do que lhe falavam. De um dos hauçás, Francisco, diz que era um homem culto, proficiente na língua árabe e que, antes de ser escravizado, havia sido imame e mestre de uma escola corânica. A pedido de José Bonifácio, Francisco traduziu para o hauçá o padre-nosso cristão e o escreveu em aljamia, isto é, com as palavras hauçás postas em caracteres arábicos.

Estamos aqui longe dos negros pouco inteligentes, bárbaros ou atrasados de tantos iluministas e adversários da escravidão, como Hume e Thomas Jefferson. Ao contrário deste último, José Bonifácio não possuiu escravos trabalhando em sua propriedade agrícola: todos os que lá labutavam eram assalariados livres. O brasileiro terá contado com alguns poucos escravos domésticos, mas esse foi por muito tempo um dos dramas dos abolicionistas no Brasil: a menos que pudessem fazer pessoalmente os duros trabalhos de manutenção de uma casa com fogão de lenha, sem esgoto e água corrente, tinham de recorrer à escravaria, pois as pessoas livres se recusavam a cumprir essas tarefas, tidas como humilhantes e próprias dos escravos. Só algum tempo depois da morte, em 1838, de José Bonifácio é que começou a se tornar menos incomum homens e mulheres, geralmente libertos, se alugarem, como então se dizia, para trabalhos domésticos.

OS ILUMINISTAS, OS AFRICANOS E A ESCRAVIDÃO

Essas conversas com escravos reforçaram em José Bonifácio a convicção de que o emprego da razão era uma capacidade humana comum a todos os povos e a todas as raças. Não conhecia — e isto pôs no papel — diferenças nem distinções na família humana. Durante os seus trinta e sete anos de convívio com os meios científicos da Europa, José Bonifácio aprendera com os iluministas que todos os homens eram iguais e deviam ser livres, sem, contudo, dessa regra excetuar, como faziam alguns de seus mestres, os africanos.

Na leitura dos ilustrados, não eram essas antecipações de um racismo — que, na segunda metade do século XIX, se acreditaria científico — o que os abolicionistas marcavam a lápis, mas, sim, os argumentos contra a tradição e a autoridade, nos quais se assentava a defesa intelectual do escravismo. A cultura das Luzes pusera em causa o Velho Testamento e o Direito Romano, Aristóteles e os doutores da Igreja, e começara a fazer valer novos textos e a construir novos cânones, que, se não substituíam os antigos, destes corriam ao lado. Nos seus sermões e discursos, os abolicionistas buscavam razões e provas em novas autoridades — os homens da Enciclopédia e da Ilustração. E era com os parâmetros de Rousseau que continuavam a ler Santo Agostinho. De início, lentamente, mas num ritmo cada vez mais apressado, à medida que findava o século XIX e se iam impondo as novas medidas e os modos de pensar dos iluministas, a defesa do escravismo foi perdendo vida e tornando-se anacrônica, até que passou a ser um longo e amargo capítulo da história das ideias.

PARA UMA HISTÓRIA COMPARADA DA ESCRAVIDÃO

Poucas áreas do conhecimento histórico experimentaram, nos últimos cinquenta anos, avanços tão expressivos quanto as dedicadas à escravidão nas Américas e ao tráfico transatlântico de escravizados. Atualmente, somos capazes de riscar nos mapas os principais espaços de captação dos cativos, isto é, não ignoramos de onde muitos deles vieram, e as rotas que seguiram do interior até os embarcadouros litorâneos; conhecemos os processos de escravização prevalecentes em diferentes regiões e povos africanos, assim como os sistemas de crédito que alimentavam o comércio inter-regional e transoceânico; identificamos dezenas de milhares de viagens de navios negreiros, com seus portos de partida, escala e chegada, os nomes dos seus proprietários e comandantes e as baixas durante a travessia do oceano; não ignoramos como se construíam esses barcos e como funcionavam; e temos ideia de como viviam e sofriam, nos longos dias no mar, os seus tripulantes e a carga humana transportada sob os seus cuidados; conhecemos as enfermidades que se contraíam nos demorados e sofridos percursos entre o sertão e o mar e nos porões abafados dos tumbeiros; não nos escapam os pormenores ignominiosos dos leilões de gente; estudamos os processos de aceitação e recusa do cativeiro, de acomodação e rebeldia, de resistência velada ou aberta, de sabotagem, de luta armada, de fuga e formação de quilombos; temos ciência de como se difundiram as técnicas, as crenças, os valores e os modos de vida que os africanos escravizados trouxeram para as Américas e de como aqui misturaram suas culturas com as dos europeus e ameríndios, se crioulizaram e deram origem a novas identidades: angolas, cabindas, benguelas, minas, nagôs, jejes, etc.; convivemos cada vez mais com as famílias escravas, compreendemos melhor os meios que levavam às alforrias, e aprendemos como era o dia a dia dos libertos.

Esta enumeração está longe de fazer justiça ao que os arquivos nos foram e vão revelando. E à própria riqueza desses arquivos. Cada vez que se puxa uma gaveta de um móvel de sacristia, por exemplo, para examinar casamentos de escravos numa paróquia, é como se encontrássemos outras gavetas dentro dela, cada qual a se abrir para novas surpresas.

Apesar disso, estamos longe de saber tudo o que queremos sobre a escravidão e as liberdades refeitas — e provavelmente não saberemos jamais. Avançamos, porém, o bastante para tentar compor até mesmo as biografias de alguns escravizados que deixaram pegadas mais nítidas. São histórias incompletas, mas com gosto de vida. E resta-nos o consolo de saber que não há biografias ou autobiografias que não sejam incompletas. A biografia completa seria como aquele mapa, imaginado por Jorge Luis Borges, que era do tamanho exato de todos os acidentes e pormenores do espaço que retratava, podendo sobre ele se ajustar com precisão. A imitar esse mapa, a biografia perfeita seria aquela que repetisse todos os dias, horas, minutos e segundos de quem se conta a vida. Sem saltar um só respiro.

Para os avanços no estudo da escravidão nas Américas e do tráfego transatlântico de escravos, muito contribuiu a aproximação de americanistas e africanistas. Durante décadas andaram eles separados, os que se dedicavam aos estudos da escravidão das Américas e os que se dedicavam aos estudos da África, como se o Atlântico não unisse as suas margens. Hoje, não faltam os que mudam de campo: começam africanistas e acabam americanistas, ou vice-versa. Aprendem que a África explica a América, e a América explica a África.

Para nós, brasileiros, por exemplo, a Luanda e a Benguela da metade do século XVII ao primeiro quarto do século XIX mostram-se cada vez mais subúrbios do Rio de Janeiro. Era como se Luanda e Benguela fossem periferias do Rio, de tal maneira a vida entre essas cidades estavam interligadas. O que se passava muitas vezes numa delas era continuação do que ocorrera na outra. Um enredo que começava de um lado do oceano prosseguia no outro, e nele podia ter o seu remate. Apesar disso, é ainda imprecisa a imagem que temos do escravo urbano e do escravo rural nos enclaves portugueses de Angola. Não sabemos, por exemplo, se era comum o escravo de ganho em Luanda e em Benguela. Tampouco sabemos como eram as rotinas de trabalho nas plantações nas margens do rio Bengo e nas proximidades daquelas duas cidades. De modo que não podemos compará-las, sem riscos de grandes erros, aos escravos de ganho nas ruas brasileiras, nem podemos justapor a escravaria que labutava nas plantações angolanas à dos estabelecimentos agrícolas nos arredores do Rio de Janeiro. Mais problemático ainda seria cotejar em cada momento histórico, ou de geração em geração, as formas que tomaram esses cativeiros com as que eram vigentes em Angola, entre os congos, os ambundos, os iacas, os caçanges, os lundas, os lubas, os libolos, os ovimbundos e os quiocos. Quais eram as semelhanças e as diferenças entre a escravidão nesses povos africanos e a escravidão que predominava na colônia, no Vice-Reino, no Reino Unido e no Império do Brasil? No entanto, impõe-se fazer a comparação entre a escravidão em Angola e a escravidão no Brasil, se quisermos entender em toda a sua complexidade o que podemos chamar de escravidão atlântica.

Sobre essa escravidão atlântica, os documentos se revelam cada vez mais numerosos e com dados inesperados e fascinantes. Para nós, que não dominamos a historiografia de língua árabe, parece pouco o que temos ao nosso alcance sobre o comércio de gente através do Saara, do Mar Vermelho e do oceano Índico, e sobre a escravidão ao redor do Mediterrâneo, na Península Arábica, no Golfo Pérsico e no Subcontinente Indiano.

Não nos acanhamos em aproximar a organização do trabalho escravo nos canaviais de São Tomé e Príncipe da prevalecente na produção de açúcar no sul do Marrocos, mas não nos atrevemos apontar-lhes todas as diferenças. Estas parecem evidentes, quando, para continuar no Marrocos, confrontamos as tropas de soldados negros do Mulai Ismail com as de Henrique Dias e os batalhões dos henriques, pois não passariam da superfície as semelhanças. Isto porque, num caso, os soldados eram escravos e, no outro, os soldados eram homens livres ou libertos. E os henriques eram tropas formadas por soldados negros comandados por oficiais negros. Se soubéssemos mais sobre a comercialização dos escravos em Gadamés, como possivelmente chegaremos um dia a saber — e talvez a historiografia de língua árabe já saiba —, poderíamos compará-la com a que se dava nos mercados de cativos nas Américas.

Para estudar as confluências, as parecenças e as dessemelhanças entre as várias formas que ao longo do tempo tomou a escravidão nas terras africanas, na Cristandade e no Islame, e naquelas terras em que a África, o Islame e a Cristandade conviveram e se interlaçaram, temos de ouvir com atenção e humildade o que de cada parte nos é dito. Temos de comparar não apenas como eram as escravidões, conforme as concebemos a partir da nossa experiência, mas também como as conceberam e concebem os outros.

Não se estuda o escravismo sem emoção e sem um sentimento de vergonha e remorso. Embora a escravidão seja quase tão antiga quanto o homem na história e esteja presente no desenrolar de quase todas as culturas, é com extrema dificuldade que conseguimos estudá-la como algo que ficou no passado e lhe pertence completamente. A ela se aplicaria a afirmação de que não há história que não seja contemporânea, pois com a régua dos sonhos do presente medimos os sucessos que narramos.

Esse sentimento de remorso e vergonha provoca em muitos a tentação de vestir a sua escravidão com roupas que não as de silícios, mas, sim, com os panos pobres da servidão doméstica. Tentamos suavizar a nossa escravidão, para melhor apresentá-la aos outros. Ou para reduzir a inquietação da consciência. Pertenço, porém, aos que não creem em escravidão branda. E não considero ser sempre menos violenta a que se deu dentro da casa e da família, a chamada escravidão doméstica. Suspeito, ao contrário, que, quanto mais perto o escravo estivesse do senhor, mais estava sujeito ao abuso, à humilhação e à crueldade.

Muitas vezes, no Brasil, apresenta-se uma história das exceções como se fosse a história da regra. A história da exceção é importante, porque mostra uma transgressão da regra. Veja-se o caso daquele barão do açúcar de Vassouras que, ao morrer, deixou todas as suas propriedades para os seus filhos mulatos, com a condição de que continuasse a ser senhora das fazendas a mãe deles, que era uma escrava com quem ele tinha vivido durante quase quarenta anos e com quem nunca tinha podido se casar, porque não se casava um senhor de escravos com uma escrava. Ela, porém, foi a dona da casa durante todos aqueles anos e todos lhe deviam obediência. Deve ter sido uma mulher feliz. Mas ela pode ter tido também numerosos dias muito infelizes. Se, no século XIX, os maridos já eram abusados e prepotentes no trato com as esposas legítimas, imagine-se como seria o comportamento com quem era ao mesmo tempo mulher e escrava. A sua parceira lhe estava duplamente sujeita e lhe devia dupla obediência: como esposa e como escrava.

Não quero dizer que não haja diferenças, e grandes, e muitas, na forma de usar e tratar o escravo em distintas culturas e em distintos momentos históricos. A escravidão no Brasil, no século XVIII, foi diferente da escravidão no século XIX. Para compreender a escravidão e explicá-la na sua universalidade, impõe-se o estudo das várias escravidões que conhecemos, e cada qual à luz das demais. Sem sair de um país, são semelhantes e diferentes a utilização e o tratamento dos escravos num engenho de açúcar, num cafezal, numa plantação de algodão e numa lavoura de tabaco. Uma coisa é ser escravo numa casa senhorial; outra, ser escravo e aprendiz de um marceneiro, e outra ainda, ser escravo a trabalhar numa mina de sal ou a cavar galerias em busca de ouro. Um escravo podia ser constantemente vigiado ou dispor de relativa liberdade, como ocorria com os escravos de ganho, trabalhar de sol a sol num canavial ou, indolentemente, não fazer nada ou fazer quase nada, exceto mostrar-se como prova da importância de seu dono.

Na corte dos tapas ou nupes, havia um grande numero de escravos a serviço dos cavalos do rei. Cada animal tinha para cuidá-lo pelo menos dois escravos, que só faziam isso. Nos acessos ao palácio, como nos que levavam a vários outros recintos onde davam audiência reis africanos, podiam ser vistos escravos deitados ou recostados uns nos outros, a conversar ou dormitar. Pois manter um bom número de escravos ociosos era, em grande parte da África, uma afirmação de riqueza e poder. E ostentar escravos — vesti-los, por exemplo, com bonitos uniformes — parece ter sido uma característica comum às sociedades escravocratas. No Rio de Janeiro oitocentista, os mesmos cativos que, na casa do senhor, labutavam em farrapos, quando o acompanhavam à missa, trajavam de modo a nem de longe envergonhá-lo e, se possível, a deixar claro que o seu dono era um homem de posses ou de qualidade. Nós os reconhecemos nas gravuras da época, em fila indiana, atrás do dono, um, carregando um guarda-chuva fechado à cabeça, e cada um dos demais, um pacotinho que não pesava meio quilo. Também no Brasil, ostentava-se o escravo.

No caminhar das gerações, mudaram também as práticas escravistas. No Brasil, é clara a diferença entre uso e o abuso do escravo antes e depois de 1830 e, mais ainda, de 1850. O comportamento dos senhores nas plantações e, por toda a parte, se alterou, quando o escravo deixou de ser um bem de importação abundante, como era no século XVIII, e se tornou cada vez mais caro. Antes, podia ser um bom negócio para um dono de escravos fazê-los trabalhar até a exaustão, gastá-los rapidamente, mantê-los mal alimentados e mal vestidos — e substituí-los por novos africanos quando eles morriam. Depois que as importações de gente se fizeram mais difíceis — e, portanto, mais caras — por causa da repressão britânica, tornou-se necessário proteger o capital investido em cada um dos escravizados, e estes passaram a receber cuidados médicos. Nas grandes plantações de café, abriu-se espaço para enfermarias e até mesmo pequenos hospitais, com médico visitante ou residente. Nessa e naquela cidade, havia médico que reservava cômodos em sua casa, para acolher escravos enfermos, por cujo tratamento pagavam os donos.

A escravidão que atou, durante cerca de quatro séculos, a África à América, mostrou-se especialmente perversa, porque os seus efeitos se prolongaram nos descendentes dos que lhe sofreram a violência. Se em quase todas as sociedades se discrimina e socialmente se exclui, humilha ou rebaixa quem tem antepassado escravo, esse podia em muitas delas — em Roma, por exemplo, ou em Axante, ou no Mali — conseguir esconder sua origem, porque cativo e homem livre não diferiam na aparência. No caso americano, isso não era possível, porque escravo era sinônimo de negro. E, por isso, nas Américas, os negros herdaram o retrato impiedosamente falso que do escravo, quase sempre branco, se fazia na Antiguidade Clássica. O ateniense, que, para poder dedicar o melhor de seus dias aos debates na ágora dependia do escravo, acoimava-o de indolente, mentiroso, estúpido, ingrato e dissimulado.

Sabemos pouco sobre as formas que tomou o escravismo na Grécia Antiga. Podemos, contudo, intuir que não coincidiriam com as prevalecentes nos cafezais brasileiros do século XIX. Embora em todos os lugares e épocas, a escravidão seja facilmente reconhecida como o regime mais eficiente e feroz de arregimentar, conservar e explorar trabalho — tendo por fundamento o direito de um ser humano ser proprietário de outro e deste dispor como mercadoria — ela se mostra distinta no espaço, no tempo e, principalmente, nos modos de usar o escravo. Por vê-la com diferentes vestes e jeitos, já houve quem, ao tratar do tema, empregasse "escravidões", em vez de "escravidão", no singular.

Na mesma geografia, o regime escravista soube mudar de formas e adaptou-se a novas circunstâncias econômicas. E, num mesmo espaço e momento, apresentou-se com múltiplas feições, pois podiam ser diferentes os trabalhos, as condições de vida e as aflições dos que, escravizados, serviam na fazenda de café e na casa da cidade do senhor. E podia haver o caso de este ampliar suas rendas urbanas com escravos de ganho. Lembre-se ainda que ser cozinheira ou babá na casa de uma baronesa era diferente de pertencer a uma doceira de quem a cativa vendia as guloseimas no mercado. Uma coisa era ser escravo de rico; outra, ser escravo de pobre.

Cada pesquisa que fazemos convida a novas pesquisas, a aprofundamentos, a novas comparações e a contestações. Alguém cobrará ensaios sobre o escravo e o filho de escravo como soldado, e como marinheiro, e como músico, e como mestre de obra ou arquiteto, e como escultor, e como joalheiro, e como pintor. E outros sobre as vestes das negras e dos negros, escravizados ou livres, e sobre os turbantes, as blusas rendadas e as saias amplas das baianas. E sobre os seres míticos que, como o Curupira e o Saci, possivelmente atravessaram o oceano. E sobre mezinhas, emplastros, rezas e ervas para curar doenças, endireitar quebrados e fechar feridas. E sobre os fornos nos quais os escravos fundiram o ferro no Brasil. E não deixará de haver quem se debruce sobre os dias seguintes à Abolição, tendo por ponto de partida aquele belo conto de Coelho Neto, "Banzo", escrito antes de 1913, no qual um velho ex-escravo, expulso da fazenda para a mendicância, vê os colonos brancos ocuparem as terras que ele ajudou a desbravar.

Comparamos sempre ao ler e ao escrever. Ao acompanhar um relato, lembramos de outros, por semelhança ou discrepância. Mas uma coisa é dar-se conta de que Camões e Shakespeare pertencem à mesma época histórica e estética, e outra, cotejar cuidadosamente os seus sonetos não só para identificar neles os temas comuns, os jogos coincidentes de imagens e o mesmo substrato maneirista, mas sobretudo para salientar o que os faz como poetas e como homens diferentes. Para começar, um jamais leu o outro.

Assim também, quando pomos lado a lado *maroons,* cimarrões, *palenqueros, bushnegros,* quilombolas ou que outro nome tenha o rebelde armado contra a condição de escravizado, tanto na África quanto nas Américas.

Já no fim do século XVI, André Álvares d'Almada, no seu *Tratado Breve dos Rios de Guiné do Cabo-Verde,* nos dá notícias de refúgios, naquela parte da África, de escravos fugidos e em permanente pé de guerra. É pena que não se demore sobre esses redutos e suas técnicas de combate. Seria do maior interesse, por exemplo, comparar as mudanças no tempo entre uma dessas aldeias fortificadas e uma tabanca na Guiné do século XIX e entre uma dessas e determinado quilombo no Brasil.

Lá e aqui, um fosso e um muro podiam cercar a aldeia. Nesse fosso, punham-se estacas afiadas ou arbustos espinhentos. Erguia-se a murada plantando-se, em toda a linha do contorno, árvores grandes e grossas, das quais se cortavam os galhos, deixando-se tronco e raízes. Entupia-se com barro e pedras o espaço entre as árvores e, assim, se obtinha um muro que podia alcançar cinco metros de espessura.

Às vezes esquecemos que muitos dos africanos escravizados nas Américas, tinham sido guerreiros em suas terras de origem ou, quando menos, possuíam alguma experiência militar. Trouxeram o seu saber de homens em armas e o ajustaram às diferentes realidades do continente americano. Poder-se-ia assim, dando roda à imaginação, explicar as tropas a cavalo dos *palenqueros* da Grã-Colômbia, pela presença entre eles de ex-escravizados pertencentes a povos acostumados às cargas de cavalaria. Como os jalofos.

Na Alta Guiné, a cavalaria dos reinos jalofos tinha fama de eficiente e feroz. E os seus ginetes eram habilíssimos e grandes domadores de cavalos. Os que foram levados a Portugal e se exibiram a D. João III causaram admiração, ao saltar e montar no cavalo a correr, e enorme espanto, ao dar ordem aos animais por assovios, como se fossem cães amestrados. Na Grã-Colômbia, os ex-escravizados jalofos teriam continuado a guerrear como sabiam. A cavalo.

MEMÓRIA SOBRE O REINO DO DAOMÉ

Foi Mary del Priore quem me deu a conhecer esta *Memória histórica sobre os costumes particulares dos povos africanos, com relação privativa ao reino de Guiné, e nele com respeito ao rei do Daomé*, recitada, em 23 de maio de 1806, na Academia Real das Ciências de Lisboa. E isto por intermédio da transcrição feita por dois jovens da área de História da Universidade do Estado do Rio de Janeiro — Flávia M. Cezar da Cunha e Luís Edmundo Tavares Jr., sob a orientação da Professora Regina Wanderley — do manuscrito existente no Arquivo do Instituto Histórico e Geográfico Brasileiro (DL 310,79).

O seu autor, Luís Antônio de Oliveira Mendes, é nosso velho conhecido. Dele lemos um dos mais vivos testemunhos sobre a brutalidade do tráfico negreiro: o seu trabalho, também apresentado à Academia das Ciências, em 12 de maio de 1793, está inserto no tomo IV das *Memórias econômicas da Academia Real das Ciências*, de 1812, e reproduzido, a partir de novembro do ano seguinte, em diferentes números do *Investigador Português em Inglaterra*. Esse texto foi republicado, em nossos dias, primeiro, como anexo à obra *As companhias pombalinas de navegação, comércio e tráfico de escravos da costa africana para o nordeste brasileiro*, de Antônio Carreira,[26] e, depois, em forma de livro, com o título *Memória a respeito*

---

[26] Bissau, 1969, com segunda edição, revista e ampliada, com o título *As companhias pombalinas do Grão-Pará e Maranhão e Pernambuco e Paraíba*, Lisboa: Editorial Presença, 1983.

*dos escravos e tráfico da escravatura entre a Costa d'África e o Brasil,*²⁷ com um ensaio introdutório de José Capela.

Também desta *Memória histórica sobre os costumes particulares dos povos africanos* tínhamos notícia. No tomo V de seu *Dicionário bibliográfico português,*²⁸ Inocêncio Francisco da Silva menciona, entre os escritos de Oliveira Mendes, uma *Memória sobre os costumes dos povos africanos,* e Sacramento Blake, no seu *Dicionário bibliográfico brasileiro,* uma *Memória sobre os costumes dos povos africanos com restrição ao reino do Daomé.*²⁹ Ambos têm por certo não haver sido ela jamais publicada, e Inocêncio parece convencido de que se perdera, com muitas obras do mesmo autor.

Luís Antônio de Oliveira Mendes nasceu em Salvador, na Bahia, em 1748,³⁰ e faleceu após 1817.³¹ Formou-se em Leis, em 1777, na Universidade de Coimbra, onde também cursou Filosofia e Medicina³² ou História e Química.³³ Foi, durante alguns anos, advogado da Casa de Suplicação em Lisboa, da Nunciatura Apostólica e da Câmara Eclesiástica. Inventou várias máquinas, como bombas d'água, uma semeadora e uma escada que se expandia e contraía, para socorros nos incêndios, e descreveu-as em duas obras que conhecemos impressas, *Memória analítico-demonstrativa*

---

27 Porto: Publicações Escorpião, 1977.
28 Lisboa: Imprensa Nacional, 1860, p. 219.
29 Rio de Janeiro: Imprensa Nacional, 1899, vol. V, p. 356.
30 Conforme Rubens Borba de Moraes, *Bibliographia Brasiliana: Rare books about Brazil published from 1504 to 1900 and works by Brazilian authors of the Colonial period,* ed. revista e ampliada, Los Angeles / Rio de Janeiro: UCLA Latin American Center Publications, University of California / Livraria Kosmos Editora, 1983, verbete "Mendes, Luiz Antonio de Oliveira".
31 De 1817 data o seu *Elogio histórico em estilo didático ao comércio da Bahia e ao Exmo. Sr. Conde dos Arcos,* por ocasião de colocar-se seu retrato na praça do comércio. Inocêncio assevera que Oliveira Mendes passou a sócio livre da Academia Real das Ciências de Lisboa em 1824.
32 Segundo Inocêncio, ob. cit., p. 218.
33 Conforme Sacramento Blake, ob. cit., p. 354.

da máquina de dilatação e contração e *Tentativas, ou Ensaios, em que tem entrado o autor da máquina de dilatação e de contração, e da memória analítico-descritiva dela* (ambas de 1792). Além disso, descobriu uma mina de ferro nas margens do Mondego e outra, de ocra, nas vizinhanças da vila de Góes. Poeta, historiador, jurista e homem de ciência, foi sócio da Academia Real das Ciências de Lisboa, onde apresentou muitos de seus trabalhos, sobre os temas mais variados, como era a norma entre os homens de erudição de seu tempo. Tendo passado a maior parte da vida em Portugal, regressou ao Brasil em data que se ignora.

Dele, Inocêncio enumera 31 obras, pouquíssimas publicadas, e as demais, inéditas e inacabadas; Sacramento Blake, 42. Em ambas as listas figuram poemas e dramas épicos, um Índice cronológico das leis, uma *Memória sobre a criação de carneiros em Portugal para que deles se possa extrair a lã tão fina e de fio tão comprido como a da Espanha e Berberia*, uma *Memória sobre a melhoria dos carros, com estampa, dando-se uma nova forma a eles e de modo a pararem nos planos inclinados sem retrocesso, tudo por efeito de uma simples máquina*, além de três trabalhos cujo paradeiro se desconhece, mas muito prometem: um *Dicionário da língua africana com restrição ao reino de Daomé* (do qual só teria concluído a letra A), uma *Descrição econômica da comarca e cidade da Bahia, a qual se termina com a tábua calculada das diversas espécies de seus habitantes*, e uma *Descrição da capitania de Moçambique, suas povoações e produções*.

Esta *Memória histórica sobre os costumes particulares dos povos africanos*, que, na realidade, é uma coleção de informações sobre o Daomé, parece-me um documento precioso, até porque é um dos poucos que temos sobre a última década do século XVIII. Oliveira Mendes conta-nos que o escreveu baseado nas lembranças do que lhe contaram, na infância, escravos fons e no que recolheu de um certo Francisco Leite, natural daquele país, dos embaixadores daomeanos enviados a Salvador e a Lisboa, em 1795, pelo rei Agonglo, do capitão Luís Caetano da Assumpção, que os acompanhou e era intérprete do dadá ou rei do Daomé, de um ex-capelão da fortaleza de São Batista de Ajudá, de nome Scalona, e do capitão José Joaquim das Neves, que nela servira como almoxarife. Nada sei dos demais, porém Luís Caetano era um escravo mulato, que fugira de seu dono, o diretor da fortaleza de São João Batista, e se pusera sob a proteção do rei do Daomé. Acompanhou os embaixadores daomeanos na sua viagem de vinda, mas não na de volta, por ter caído de uma janela, em Salvador, e quebrado as pernas.[34] Tenho que os enviados daomeanos com quem Oliveira Mendes privou seriam esses de 1795, mas não se pode excluir que entre seus informantes figurassem os embaixadores enviados por Adandozan em 1805, e que se tenha valido de uns e de outros. Como, porém, Oliveira Mendes não menciona o intérprete que acompanhou a segunda embaixada, aquele Inocêncio Marques de Santa Ana que tanta boa impressão causou às autoridades portuguesas,[35] inclino-me a pensar que lidou apenas com os emissários de 1795.

Os informantes sabiam do que falavam, e o interlocutor tinha bons ouvidos. Não destoava, portanto, de seus contemporâneos que se atreviam a escrever sobre terras que não as deles. Estes, porém, não apenas ouviam com atenção e interesse. Haviam estado nessas terras e, apesar de terem as pálpebras pesadas de preconceito, sabiam transformar em palavras o que viam. Oliveira Mendes teve em relação a eles uma grande desvantagem: jamais pôs os pés no Daomé. Contou, portanto, o que lhe contaram. E bem, ainda que de forma aqui e ali bastante rasa, quando confrontamos

---

34 Pierre Verger, *Fluxo e refluxo do tráfico de escravos entre o golfo do Benin e a Bahia de Todos os Santos, dos séculos XVII a XIX*, trad. de Tasso Gadzanis, São Paulo: Editora Corrupio, 1987, p. 234, 265 e 271.
35 Verger, ob. cit., p. 271-5.

o seu relato com os daqueles que estiveram ou viveram em solo daomeano, como, por exemplo, William Snelgrave,[36] John Atkins,[37] William Smith,[38] Robert Norris,[39] Archibald Dalzel,[40] Vicente Ferreira Pires,[41] John M'Leod,[42] Thomas Birch Freeman,[43] A. Brue,[44] John Duncan,[45] Frederick E. Forbes,[46] Richard Burton[47] e J. A. Skertchy.[48] O seu texto apresenta, contudo, um interesse particular, porque nos revela como um brasileiro podia visualizar a África sem nela nunca ter estado e como os africanos guardavam no Brasil a memória de seus pagos, pois Oliveira Mendes muito se louvou nas lembranças do que ouviu, na meninice, de escravos fons e nas lições daquele Francisco Leite, um daomeano que vivia em Lisboa.

---

36 *A New Account of Some Parts of Guinea and the Slave Trade*, Londres: Frank Cass, 1971 [1.ª ed., 1734].
37 *A Voyage to Guinea, Brasil and the West Indies*, Londres: Frank Cass, 1970 [1.ª ed., 1735].
38 *A New Voyage to Guinea*, Londres: Frank Cass, 1967 [1.ª ed., 1744].
39 *Memoirs of the Reign of Bossa Ahadee, King of Dahomy, an Inland Country of Guiney*, Londres: Frank Cass, 1968 [1.ª ed., 1789].
40 *The History of Dahomy, an Inland Kingdom of Africa, compiled from authentic memoirs*, 2.ª ed., com introd. de J. D. Fage, Londres: FrankCass, 1967 [1.ª ed., 1793].
41 Clado Ribeiro de Lessa, *Crônica de uma Embaixada Luso-Brasileira à Costa d'África em fins do século XVIII, incluindo o texto da Viagem de África em o Reino de Dahomé escrita pelo Padre Vicente Ferreira Pires no ano de 1800 e até o presente inédita*, São Paulo: Companhia Editora Nacional (Brasiliana), 1957.
42 *A Voyage to Africa with Some Account of the Manners and Customs of the Dahomean People*, Londres: Frank Cass, 1971 [1.ª ed.,1820].
43 *Journal of Various Visits to the Kingdoms of Ashanti, Aku & Dahomi*, 3.ª ed., com introd. por Harrison M. Wright, Londres: Frank Cass, 1968 [1.ª ed., 1844].
44 A. de Brue, "Voyage fait em 1843 dans le royaume du Dahomey", *Revue coloniale*, n° 7 (1845).
45 *Travels in Western Africa in 1845 & 1846, Comprising a Journey from Whydah, through the Kingdom of Dahomey, to Adofoodia, in the Interior*, Londres, 1847.
46 *Dahomey and the Dahomans:* Londres: Frank Cass, 1966 [1.ª ed., 1851].
47 Richard Burton, *A Mission to Gelele, King of Dahome*, com introd. e notas de C. W. Newbury, Londres: Routledge and Kegan Paul, 1966 [1.ª ed., 1864].
48 *Dahomey as It Is*, Londres, 1874.

O início da *Memória* não é auspicioso. Após discorrer sobre a barbárie dos africanos e a hipocrisia dos europeus que os escravizavam, e de dar como provada a antropofagia dos súditos do monomotapa, Oliveira Mendes entoa uma verdadeira modinha do mazombo doido: faz a designação da fortaleza de São João Batista de Ajudá derivar do nome do rei D. João II, transforma a sua capela, na maior parte do tempo sem padre, numa pedra angular da propagação da fé cristã, junta o navegador Diogo Cão a Diogo de Azambuja e apresenta como resultado das negociações com o caramansa (o rei ou um chefe vassalo do rei de Comenda),[49] não a construção do forte de São Jorge da Mina, na Costa do Ouro, mas a fundação de Luanda, a cujo nome acrescenta São Sebastião em vez de São Paulo. Ressalta, contudo, que aquela parte do golfo da Guiné e suas áreas adjacentes eram das mais povoadas da África, que então predominavam na costa frente a Glehue (que escreve Grougue),[50] os barcos de bandeira portuguesa, o que era rigorosamente verdade, e faz uma crítica severa, pouco comum em Portugal e no Brasil de seu tempo, ao tráfico de escravos. A partir daí, o texto vai reproduzir, em geral com bom entendimento, o que lhe disseram seus informantes. E vale a pena acompanhá-lo.

É difícil fazê-lo no manuscrito existente no Instituto Histórico e Geográfico Brasileiro, porque se encontra muito deteriorado. São 45 páginas não numeradas, de 15,2cm por 21cm, cobertas por uma letra

---

49 Ver o relato dessas negociações, em 1482, entre Azambuja e o *caramansa*, em Rui de Pina, *Croniqua delrei Dom Johan II*, ed. org. por Alberto Martins de Carvalho, Coimbra, 1950 (obra escrita no reinado de D. Manuel I.), cap. 2; e em João de Barros, *Ásia: primeira década*, ed. org. por António Baião, Coimbra: Imprensa da Universidade, 1932, livro III, cap. I. Para uma visão contemporânea, Alberto da Costa e Silva, *A manilha e o libambo: a África e a escravidão, de 1500 a 1700*, Rio de Janeiro: Fundação Biblioteca Nacional / Nova Fronteira, 2002, p. 210-12.)
50 Glehue, Glehué, Gléhoué, Gléwhé, Glewe, Grégoué, Grigwe ou Gregoy, mais conhecida pelos estrangeiros como Ajudá, Ajuda, Uidá, Juda, Judá, Ouidah, Whydah ou Fida.

pequena, disciplinada e bonita, de bom calígrafo, mas que estão, muitas delas, a esfarelar-se. A ação corrosiva da tinta tornou-se mais acentuada, por se haver escrito nos dois lados do papel. De quatro folhas, as correspondentes às páginas 9 a 16 do manuscrito, pouco resta; de algumas delas, só as bordas. Felizmente, o seu texto ainda pôde ser copiado por Flávia M. Cezar da Cunha e Luís Edmundo Tavares Jr.

Eis a *Memória*. Nela marquei com colchetes as palavras ou partes do texto que já haviam desaparecido, quando da leitura de Flávia M. Cezar da Cunha e Luís Edmundo Tavares Jr., bem como aquelas que nem eles nem eu, quando confrontei com o original a transcrição que fizeram, conseguimos ler com acerto. Modernizei a ortografia e a pontuação. Mantive, porém, em muitos casos, a grafia original em topônimos, etnônimos, antropônimos e palavras africanas, indicando entre parênteses a minha leitura. Marquei cada início de página do manuscrito com duas linhas inclinadas (//) e as numerei. As notas de pé de página que acompanham o texto da *Memória* são de Oliveira Mendes.

Memória histórica sobre os costumes particulares dos Povos Africanos, com relação privativa ao Reino de Guiné, e nele com respeito ao Rei de Dahomé.

África, essa terceira parte do Globo Terrestre, sendo da mesma idade que as outras, à exceção do Novo Mundo, tendo por princípio o ângulo do Cabo Tormentoso, a quem Camões por vezes nos Lusíadas figura Adamastor, aí banhada pelo oceano Meridional, compreendendo em si as diversas e dilatadas regiões da Cafraria, de Guiné, da Etiópia, que do leste se banha pelo oceano Atlântico, e do oeste pelo mar das Índias; compreendendo igualmente Arábia Deserta, Marrocos, que forma outro ângulo, Argel, Túnis, Termessim

(Tremecém ou Tlemcén) no seio Mediterrâneo, que na Mauritânia e estreito Guaditano (Gaditano) se [........] ter por faces as Colunas Hercúleas, terminada no ângulo do Egito,* que por uma parte se lava pelo mesmo Mediterrâneo, e por outra pelo mar Roxo; esse gran // p. 2 // de e espaçoso continente, que tudo isto e outros muito mais reinos e povoações em si abrange e compreende; essa terceira parte do Mundo; essa mesma África digo que contém tão multiplicadas dominações, sem que me esqueça dos Cipiões, dos Alexandres e de outros heróis distintos e qualificados pelos esforços, letras e virtudes, a considero mais desgraçada do que todas as outras, porque desde a sua origem até hoje, medindo séculos da sua existência, sem melhoração alguma, se tem conservado na sua mesma incultura e impolidez.

Não sei bem se tamanhos descuidos se davam às irreflexões dos iluminados, se aos desconhecimentos, se às maldições do infeliz Chaim (Cam), se à insensibilidade, se à falta de aplicação dos meios, se à positiva e entranhada aversão que injustamente lhe temos, sem nos haver ofendido, debaixo de uns prejuízos comuns e inveterados, de que esses rudes povos, nossos semelhantes, no total afaste com erro manifesto, se considerem, com injúria dos humanos sentimentos, ser de outra espécie e natureza, quando não são?

Seja qual quer que for o princípio desconhecido, ou ainda todos sobreditos apostados contra eles, para que os faça tanto mais infelizes, como temos a certeza, derivada do histórico em comum e, em particular, confirmada pela evidência, a que se não resiste, de que vivem em um manifesto e // p. 3 // comprovado atrasamento, submergidos em tudo que seja infelicidade e infortúnios, degradados até das primeiras ideias, que possam ser concernentes aos fins da sua desejada prosperidade, tanto basta e superabunda, para no estado da compaixão entrar nos estímulos de os socorrer um pensar filosófico.

---

* A maior parte dos geógrafos diz que a África sustenta em si e descreve na sua configuração a forma de um perfeito triângulo.

MEMÓRIA SOBRE O REINO DO DAOMÉ

No epílogo de uma breve e curta Memória não cabe, com excesso do intento, recopilar-se na universalidade e, muito menos, na particularidade todos costumes de tão diferentes povos, que chegam a constituir diversas e estranhas nações e, por consequência, muitos reinos e multiplicadas dominações.

Quanto ao geral desses mesmos costumes, dispensando-me de transcritor, que mais onera do que enriquece o Reino das Letras, escapando de difuso, me remeto a tudo que se acha escrito a este respeito.

Quanto ao particular, me restringirei tão somente aos costumes de uma certa região e província, a qual é a de Guiné, com relação privativa ao reino Daomé, para concluirmos por combinação que, sendo ele, entre outros, o mais culto e polido, achando-se contaminado da barbaridade, da impolidez e da incultura, quanta não será maior e extraordinária a dos outros reinos que se entranham na mesma África, cujas condições, por desabridas, parecem exceder // p. 4 // as de todos outros viventes, que são incultos?

Quando solto estas afirmativas, com as que pareço ultrajar a humanidade, é por ser constante e tradicionário que os inumanos povos do Manopatá (Monomotapa), na Cafraria, se nutrem com a carne dos indivíduos da sua mesma espécie, o que se não verifica em nenhuns outros povos, nem mesmo na classe dos animais, que com repugnância natural de tanto se afastam.

Quando, prosseguindo no intento, afirmo que os povos de Guiné na África, com restrição ao reino de Daomé, são mais civilizados no seu tanto do que os outros, é porque me lembro do que todos confirmam, que atenta a sua população, e toda mais adjacente, é a parte mais povoada daquele continente.

É porque tendo a certeza topográfica de que aquele rei vivendo, na distancia de 30 léguas afastado da costa do mar, dilatando seus domínios pela terra dentro, alargando-se proporcionalmente, confinando com o rei do Porto Novo e com outros mais, descendo, vem terminar-se em Grougue (Glehue) e em mais partes com a mesma costa // p. 5 // marítima.

É finalmente porque àquela baia de Guiné, nas monções benignas, vão ter embarcações das nações do norte a fazer negócios e, em maior número, as da Nação portuguesa, para com a escravatura transportada ir fornecer suas Américas.

Aqui no preliminar e introdutivo, com envolvência histórica dos seus costumes, tem lugar duas reflexões: 1.ª, que todas as nações de comum acordo, como se envergonham meter em comércio a espécie humana, enganando-se a si mesmas, e não a todos, se despacham, afirmando que vão tratar do resgate dos homens pretos, quando, aliás, de longe promovendo e autorizando a tirana escravidão, os vão fazer cativos pela facilidade do pronto transporte ou, pelo menos eterna e perpetuamente, indo de propósito, e não a outro fim, buscá-los com grande risco daquela bravia e desabrida costa, até com competência entrementes com que favorecem e prosperam a guerra e a hostilidade intestina, que tanto se esmera nesta aquisição, contando-se com os infalíveis compradores de escravos.

Segunda, com alguma mais descrição, // p. 6 // indicativa dos mesmos fins a que se proponham, dizem e ingenuamente confessam que vão fazer escravos, como se os homens pretos já não nascessem feitos, e, se vão de tanta distância ali fazer escravos, desgraça é deles lá ir ter tais nações civilizadas!

Como pois os nossos dignos soberanos se denominam Senhores de Guiné, da Etiópia e da Arábia, o que teve origem em o senhor rei D. João II, pelos anos de 1485, e naquela costa tem o castelo com o mesmo nome derivado daquele rei, de S. João de Ajudá, e dentro dele existe a igreja e freguesia, que, sendo sufragária ao Arcebispado da Bahia, aí se cumpre com os deveres da cristandade, havendo esta pedra angular para a propagação da fé, e no mesmo castelo tem diretor e almoxarife para receberem os direitos da escravatura transportada, sendo o maior número de navios que ali aportam portugueses, parece que esta nação mais perfeitamente do que nenhuma outra se incumbe dispor a sua prosperidade, no que se não tem prosseguido com renúncia de meios, com preterição e estragação de outros, sobre os que me não compete discorrer, contentando-me, no histórico, remeter-me a Diogo de Azambuja e a Diogo Cão, que nos primeiros tempos se souberam insinuar com o rei de Coraman // p. 7 // ça (Caramansa), do que resultou a fundação da cidade de S. Sebastião de Oloanda (Luanda), no reino de Angola.

Para minorar a nossa inércia e pôr em agitação os nossos ofícios piedosos para com eles, a bem da humanidade, até que acordem uns deveres solícitos a bem da ilustração daqueles povos, em breve quadro para que sejam excitados nossos afetos, com a fidelidade precisa, sem que se metam cores que realcem, se vai desenhar seus bárbaros costumes.

Os povos africanos com restrição ao reino de Daomé, vivendo no paganismo, adoram [e têm por] principal deus uma Cobra Grande, esta diferente de todas outras, e isto porque na origem da sua supertição, como é tradicionário, viram essa grande cobra com certa altura na cabeça, persuadindo-se que era rei ou rainha das cobras, porque a viam coroada e, não tendo visto jamais outra igual, lhe entraram a render as primeiras adorações, no que ainda hoje se conservam.

O templo, em que esta grande cobra em simulacro é adorada e onde lhe fazem os maiores ofícios é o maior de todos os templos e se chama templo de Dabai, isto é templo da Cobra Grande e da Cobra Coroada. // p. 8 //

Além deste deus adoram outros, como é a lua, e com tanto respeito, crença e veneração, que, quando é nova, a vão esperar sobre os montes e em toda e qualquer parte e, sendo vista, lhe fazem muitos festins, já com cantilenas, danças, palmas, assovios, e toques de instrumentos,* já com tiros, banquetes e bebidas, e tanto assim, que contam os meses, os anos e as suas idades pelas luas.

---

* Posto que os instrumentos de que usam os pretos africanos nos seus festins sejam muitos e diversos, contudo os principais e mais vulgares são os assovios, ou estes sejam feitos de cana, de pau e de qualquer metal, ou metendo os dedos na boca e comprimindo os lábios; também usam os estalos com a boca, ao que lhe chamam muxoxos; usam do canzá, dos berimbaus, da marimba, do pandeiro, do atabaque, dos tamborinhos e dos muitos guizos, com que vestem as pulseiras, os braços, o pescoço, o cinto, e calçam as pernas.

Tributam uma espécie de respeito e de adoração às onças, e entre eles é crime o matar uma delas.* // p. 9 //

A causa da sua crença provém que, sendo as onças e os tigres uns animais por sua natureza ferozes e bravios, uma vez que são afagados e saudados de longe por muitos com frequência, lhes correspondem, acenando-lhes com a cauda, sem alcançarem que, desta continuação por muitos praticada, resulta estarem de algum modo mansos, o que melhor conseguem pelo socorro de muito alimento, que lhe prestam, razão por que, achando-se fartos e afagados, deixam de ser vorazes, o que se não dá nos sertões e nos descampados.#

Têm e respeitam por uns deuses subalternos e inferiores outras muitas cousas, como são o amor, o ódio, a antipatia, a simpatia, a sede, a fome, o fogo, porque queima e consome, a doença, porque dela se morre, a peste, porque mata e grassa, o contágio, porque lavra e se dilata o mal, a força, porque pode muito, o valor, porque vence, o medo e a covardia, por trazer fraqueza, tendo para si que só um movimento superior, interno, respeitado e não conhecido pode reger e dar um constante tom a tudo isto.

Como aqueles povos são muito supersticiosos e dotados de suma crença, na força e no curso de suas luzes, sem que se possa referir, bastará que em

---

* Como os homens pretos africanos respeitam e têm por um dos seus deuses de inferior ordem, como abaixo se dirá, o valor, o esforço, a valentia, a ferocidade e tudo que é exposição, o que se verifica nas onças e nos tigres, vendo isto trocado em brandura para eles com disposição da sua natural ferocidade, por isso os [têm] por seus deuses, posto que subalternos.

Os pretos africanos são tão boçais e tão rudes, que adotam uma crença com respeito às onças, firmados em uns princípios contrários aos que eles mesmos vêm praticando; porque eles fossem capazes de entrar em combinações, observariam contra a sua mesma crença, que sucedendo falecer algum indivíduo, a quem eles negam sepultura, e com quem tem alguma espécie de zanga, como por exemplo os corcundas, persuadindo-se de que, sendo enterrados, lhes sobrevém uma praga de ratos, que lhe comem e roem tudo, cujos ratos do mato são chamados saruês, o vão por sobre uma pedra nos bosques donde as onças e os tigres o levam e o vão comer, e tem semelhante fato por uma espécie desses entregue à ira e à indignação dos deuses menores, que deste modo neles se vingam, o que outro tanto se verifica em qualquer outro defeituoso, temendo-se diversas pragas que lhes venha perseguir e mal fazer.

comum se diga cada um nosso particular, além do que fica dito, tem a afeição, credulidade, amor e respeito a uma certa cousa a que lhe chamam feitiço, com tanta firmeza e tenacidade, que adoram como um dos seus deuses subalternos e domésticos, à imitação dos deuses penates entre os romanos.

Chega a tal ponto de sublimidade esta particular crença e pia afeição, que vêm a ser tantos feitiços quantos os homens pretos; porém como [........] excedem aqueles e os feitiços seus familiares, daqui se segue, que chegam a constituir uma espécie de seita, fica [......] sendo transcendente, e hereditária d [............] // p. 11 // a família, com acréscimo tão somente do que cada um quer e mais crê, segundo a sua particular afeição e firme credulidade.

Os africanos, entregues à crença de tudo isto, fazem uma bolsa, à imitação de um breve, que trazem consigo, aonde depositam certas cousas* da sua invenção e umas relíquias do quanto mais creem, ao que lhe chamam patuá ou bolsa de mandinga.# // p. 12 //

Rendem-lhe na crença um tal respeito, que se reputam e se persuadem felizes, munidos com ele; consideram-se que não podem ser picados pelas cobras e por nenhum outro animal venenoso e que tal acontecendo, tanto lhes não faz mal.

---

* Sendo muito vário o modo com que os africanos ordenam o seu patuá e bolsa de mandinga, para este fim se valem de infinitas manduzagens (?), de tudo quanto lhes vem à imaginação: nele fazem meter diversas qualidades de cabelos, certos dentes e bicos de animais e de aves, alfinetes, pontas de lancetas, penas e entranhas secas das mesmas aves, e as unhas delas, a pele e o cascavel de diversas cobras e outras muitas cousas, dando a tudo isto certa virtude, que certamente não tem.

A este abuso ou crença estando firmes, uns dizem que esse nome [....................] e da nossa seita fora derivado de um homem preto, sacerdote africano, que tendo esse nome, ou apelido fora o primeiro inventor de tal manduzagem (?), abuso, sesta (?) e crença; outros por [........] vendo a variedade e incerteza neste ponto histórico, [............] e afirmam que deriva a sua etimologia e nome de uma província africana, bem conhecida, denominada e chamada Mandinga, aonde se inventara e primeiro se usara de tal cousa, donde se propagara por toda África; porém não devemos fazer questão do nome, bastando-nos saber, que com espírito de tal juízo, tanto se pratica, ainda hoje dura e existe.

Que em seu corpo não tem entrada cousa alguma nociva, o veneno, a bala, o ferro, o fogo e o raio, e se acaso este [.......] e preservativo, no descuido, fica nas casas de suas moradias, reputando-se infelizes e desgraçados, apressados o vão tomar, e quando alguma destas cousas produz o seu natural efeito, morrem na crença muito satisfeitos, e conformes, tendo para si, que tanto assim quisera e fora do agrado [........................] seu particular feitiço, ao que também [.................] calundu. Portam-se tão constantes nesta crença, que mais antes querem morrer do que consentirem que por força lhes seja tirado o patuá, ou bolsa de mandinga.

Da nímia credulidade e diversidade de tanta seita, insurge a outra que, desacreditando, mete tudo na maior confusão, que vem a [..........................] diferem prontos em crer que há contrafeitiço e remédios contrários e eficazes, para que o feitiço não prevaleça e cause o premeditado efeito. // p. 13 //

Assentam firmemente que há feitiço* para fazer mal, que há outro feitiço oposto, ou contrafeitiço,# para que o mal não prevaleça, não possa ir avante e não produza o seu natural efeito; que há feitiço para amor e contrafeitiço para aborrecer; que água é contrafeitiço do fogo, porque o apaga, e da sede,

---

* Feitiço têm os pretos africanos por uma força e movimento interno que os obriga a fazer uma certa cousa, quer eles queiram ou não queiram convir nela, a que tributam grande respeito, e porque esta seja a sua crença, para que tanto obtenham em dano e prejuízo de outro, para fazer sujeitar uma paixão, que persiga, e tiraniza a terceiro, inventam que há certos remédios para tanto se obter, e entregando-se a isto, se entregam também a um sem número de manduzagens (?) e de inventos, ao que rigorosamente lhe chamam feitiço, ou calundu.

Contrafeitiço eles têm por tudo aquilo que é oposto e contrário ao feitiço, e também se propõem a fazer remédios para isto mesmo, militando outros tantos abusos e manduzagens (?), de sorte que bem se pode dizer que há uma seita de feitiços e outra de contrafeitiços, em tal extremo que, quando cada um não se atreve a propagar esta seita, costumam tomar mestres, ao que lhes chamam feiticeiros, e tanto a um como a outra promiscuamente lhe chamam calundu. Ela se fez tão vulgar, e chegou a propagar de tal modo que [..............] tou e contaminou a Europa, porque na [.........] do Liv. 5 tit. 13 vemos penas impostas aos [feitic]eiros

porque a mata e extingue; que o comer é contra o feitiço da fome, porque a farta; e, por via de regra, sem mais amplificações, aos efeitos de uma cousa natural dão o nome de feitiço, e aos efeitos das causas opostas e negativas lhe dão o nome de contrafeitiço.

Além desse templo maior há outros muitos, // p. 14// e entre estes mesmos um que é só privativo para a circuncisão, que é o seu batismo: ao arbítrio de cada fica tomar a alcunha ou apelido que bem lhes parece, o que lhe fica servindo como de nome.

O dia destinado para os seus ofícios religionários, a exceção das festividades maiores e extraordinárias, que sempre determina o rei, é o de quarta-feira, talvez porque o gentilismo o tivesse consagrado ao Deus Mercúrio, que na sua vara tinha duas cobras enlaçadas.

Entre eles há um primeiro [.............], que só se emprega nas festividades maiores e extraordinárias, o qual vive na contiguidade do rei, para ser ouvido em todas suas deliberações, porque milita a superstição de que, sendo um oráculo dos falsos deuses, deles não se pode provir senão acertos.

Este sumo sacerdote tem um vestuário mais rico e de diversa cor de todos os outros, e demais tem um pano solto, muito comprido, que, servindo-lhe de capa, cobre todo seu traje,* do qual também usa o rei, que unicamente // p. 15 // anda calçado com uma espécie de alparca ou de chinelo.#

Há infinitos sacerdotes menores, que [................] têm, para serem conhecidos de uma especial de batina muito justa e ligeira de zuarteˢ azul:

---

* A [.......] capa solta e rica lhe chamam gambarra, [.......] pano comprido e solto também usam alguns d[os feit]iceiros ou fidalgos, por graça especial do rei, ainda que sem riqueza, para haver diferença.

Só o rei anda calçado por superioridade, e os mais todos andam descalços, não só para manifestarem diferença, mas também a vassalagem, a submissão, o abatimento e o respeito.

ˢ Zuarte é uma fazenda [tra]zida na Ásia de algodão, de fio muito grosso, a qual sendo branca a fazem tingir de azul, e lhe chamam fazenda de preto, porque na África é que tem sua maior extração; também[...]chamam e denominam fazenda de preto o cadiais, que também é de algodão de fio muito grosso pintada de azul, só com a diferença que tem algumas riscas e pancadas de diversa cor.

os que se ocupam, nas mesquitas ou pagodes, em explicar os seus ritos, cerimônias, crença e superstição, atenção, veneração e força que em si tenha o feitiço particular de cada um e todos dos seus deuses.

Esses Sacerdotes, a quem eles chamam vuduns* (voduns), recebem em suas casas, com frequência e prontidão, todos aqueles que se querem confessar e instruir nos dogmas da sua falsa religião, e ali ficam detidos cada um sustentados a sua seita. // p. 16 //

Há tempo certo em que são recebidos para este fim, assim corno de se retirarem, e quando saem há um grande festim [........] eles [..........] do-se que se acham divinizados e na graça dos falsos deuses, e saindo um desse ministério, se recebem segundo querem e se determinam outros em ordem sucessiva.

Os seus sacrifícios e festividades são celebrados com morte de animais e de gado de todas qualidades, e quanto maior seja a mortandade, maior é o sacrifício e a festividade.

Em cada um ano impreterivelmente há uma grande festividade, que, excedendo a todas as outras, em o dia que o rei e o primeiro sacerdote determinam.

Nela se observa a alternativa de que, em um ano, o sacrifício se celebra com a morte de muito gado e, no seguinte, com a morte de gente humana; o que chega a 300 pessoas, e nesta [.........] entram os cativos na guerra que foram mais rebeldes e esforçados, e aqueles outros do mesmo reino que, por velhos e impossibilitados, já não podem ir à guerra, vindo a ser por tudo isto sacrificados aos deuses.

Serve de pena de aparato ao rei, que vai a esta [....................] levarem certas [...] as cabeças daqueles que, morrendo na guerra,# mais se distinguiram, indo as receber

---

* Vundum é um nome genérico, que quer dizer no seu comum [................] distintamente, e [.........]endo-se para o especificar [................] ou [......] se supõe que [...................].

Quando as cabeças dos falecidos na guerra são conservadas de pouco tempo, as mulheres, que as conduzem, e todos suportam aquele mau cheiro, enfatuados, por

no palácio do rei, aonde se acham depositadas, mostrando com este fato que conserva deles memória e que, sendo inseparáveis do rei, se consideram vivos ainda, para irem assistir deste modo àquela festividade, e as mulheres escolhidas e nomeadas para este fim, recebem nisto mesmo grande honra.

Esta tão grande festividade não consiste só no sacrifício de tamanha mortandade, mas também em se comer e beber muito à custa do rei, o que se faz no palácio de Bomé (Abomé ou Abomei) e nos seus contornos, aonde o rei, dando uma espécie de jantar público, já tem prevenido que os governadores e cabeceiras, ou fidalgos, repartam a comida e a bebida com todo povo, que de longe ali concorre, o que se dá a granel, tudo para que, alegres e espiritualizados, mais furiosamente se entreguem àquele festim, cantando, tocando e dançando* // p. 17 //

Cada um dos cabeceiras, isto é, cada um dos fidalgos e ricos brindam o rei com quanto mais possam, mandando-lhe búzio, dinheiro provincial, ancoretas de aguardente, rolos de tabaco, peças de seda e outras muitas cousas, o que o rei faz publicar na mesma festividade, por uma espécie de gratidão e de honra que lhes confere, o que nunca sendo bastante, o rei concorre e

um mero capricho e espécie de sacrifício feito à imortalidade daqueles que contam no número dos seus heróis.

* A principal bebida dos pretos africanos é a aguardente, com que lhes fornece todo Brasil, o que para a Costa da África tem grande consumo e extração, sendo um dos principais gêneros para o negócio, permutação e resgate de escravos, e tanto assim, que fabricam de diversas qualidades, compreendidas debaixo do nome vulgar de cachaça; porém deve saber-se que há aguardente de cana, que é a melhor, e aquela que se fabrica da pura água e calda de cana, deixando-o azedar, e esta a mais cara de todas, e por isso para aquela Costa nunca é mandada com abundância, à exceção de algumas frasqueiras, e só para Portugal em pipas. Há aguardente de cabeça, que é a 1.ª destilação, extraída da garapa do mel azedada, e fermentada; há aguardente da terra, que vem a ser a segunda destilação extraída e por isso já é mais inferior; há aguardente fraca, que vem a ser a 3.ª destilação, porém, redestilada, se torna forte, e os pretos promiscuamente a bebem, sem maior escolha e diferença, e deste gênero bem se pode dizer que há de três classes, ou da 1.ª, 2.ª, e 3.ª forte, segundo elas têm maior ou menor preço, sem que seja excessivo. Os pretos africanos, chegando ao Brasil, muito se entregam a esta bebida, cometendo excesso, e se arruínam e morrem hidrópicos.

supre com tudo mais que falta, não só para esta festividade, mas também para todas as mais.

A maior grandeza desta festividade consiste em o rei chegar nos espaços da tarde à varanda do palácio de Bomé, donde faz lançar por vezes grande quantidade de búzio, ou zimbo, seu dinheiro provincial, e se diverte em o ver apanhar com grande tumulto, alvoroço, bulhas, lutas e contendas, agitadas pelo povo que o espera.

Igualmente faz lançar peças de seda de diversas qualidades e outras muitas cousas, e se alegra o rei // p. 18 // em o ver apanhar e lutar, e cada um levar com força a porção de seda que mais pode rasgar, de sorte que se tem por maior festividade aquela em que mais se lança sobre o povo e mais se apanha.

Há outras mais festividades, com exceção dos sacrifícios, quando os reis são aclamados, quando são enterrados, quando se celebra o aniversário do rei falecido, quando se lhe manda recado, isto é, uma espécie de embaixada e, finalmente, quando o rei muito a seu arbítrio a quer fazer.

Os casamentos entre os homens pretos africanos não é vinculo de religião, mas, sim, mero e puro contrato, que em si leva umas certas condições tácitas, subentendidas e por todos praticadas.

Reinando entre eles a poligamia, cada um tem as mulheres que querem e podem sustentar, o que entre eles passa por um testemunho de grandeza e de riqueza; e, além de terem de uma a seis e a sete, segundo os dias da semana, o que mais se verifica nos cabeceiras, fidalgos e ricos, sendo estas as da sua escolha, recebem demais aquelas que o rei lhes quer dar, o que têm por grande honra e distinção.

O modo com que se dispõem estes quase contratos nupciais, e se ordena entre eles o conjugo, é o cônjuge // p. 19 // entrar a mandar à futura noiva toda espécie de galanteios e de prendas, já búzio, ou zimbo, e fazenda, já comidas e bebidas, e tudo mais que bem lhe parece.

Havendo o comum acordo, sem mais alguma cerimônia, a vai buscar para sua companhia, e ali se vê adotado pelos seus efeitos o mancípio e o uso capião dos antigos romanos. No prosseguimento dos seus efeitos, o marido fica tendo um domínio pleno em as suas mulheres e em seus filhos; são senhores vitae et necis, até as podem vender, o que mais se verifica no caso de adultério.

O marido pode repudiar a mulher, quando muito quer e bem lhe parece; incorrendo em crime, em benefício do público e do rei, em satisfação da pena, remindo-se do castigo, pode dar a mulher e os filhos para serem vendidos, o que de boa mente é aceito, porque o seu mais sólido patrimônio é a escravidão, e a constante venda dos homens pretos, já cativos na guerra, já feitos servos da pena, como nesta parte também já praticaram os mesmos antigos romanos.

Eis aqui uma parte e um ramo respeitável da sua mais corrente legislação, pelo muito que é bem observada e rigorosamente desempenhada. // p. 20 //

Estas mulheres, posto que sejam muitas, como fica dito, cada uma, segundo a sua ordem, se ocupa no serviço doméstico daquele dia e trata do [.........] de seu marido, e as outras se ocupam, ainda mesmo com suas escravas, na cultura das terras, do que se isentam os maridos, porque estes só estão hábeis, prontos e dispostos para a guerra, o que abraçam por uma espécie de tráfico e de negócio para com os povos circunvizinhos, esperando pelo lucro de venderem os prisioneiros e vencidos na guerra.

Eis aqui as próprias mulheres detestando o ócio e dando exemplos de umas boas mães de famílias, promovendo a industria, e um patrimônio tão sólido para sua subsistência e nutrição pessoal, de seu marido e dos seus filhos, vivendo todos em comum, qual é agricultura, ajudando e fazendo feliz do modo possível o mesmo consórcio.

Aquele reino é de uma sucessão regular, monárquico e familiar, preferindo sempre o primogênito; e, quando há alguma dúvida, disputa e dissensão sobre a ordem de suceder, como se verificou no atual reinante, quem decide e vem a ser juiz é a força do partido de uma guerra civil.

Em breve ex // p. 21 // porei a causa da dissensão e o resultado dela. O precedente rei, por querer mudar de religião, foi envenenado pelos seus. Tinha um irmão e filhos menores. O primogênito foi inteiramente excluído pelo povo, porque tendo um dedo do pé* levantado, e revirado para cima, cria aquele supersticioso povo que era por isso de mau gênio, de péssima condição, bárbaro e incapaz de governar, o que bem comprovou até morrer.

Agitou-se a questão se, no caso da exclusão do primogênito, deveria governar o irmão do rei falecido ou o filho segundo menor de um tal rei, que, com infâmia transcendente, queria mudar de religião. Mingá (migan, mingan, megan ou temigan), secretário e chefe de guerra, segura um partido; mezé (meú ou mehu), outro secretário e também chefe de guerra, segura o partido contrário; dando-se campanha, saiu vencedor o partido do filho segundo, e, // p. 22 // porque o irmão do falecido rei se refugiasse em uma casa, donde, com alguns do seu partido, fazia fogo aos que passavam [............] o partido vencedor, lançando fogo àquela casa, morrera queimado com seus adjuntos, para não ser hostilizado pelos do outro partido, que o cercavam e o esperavam.

Aquele rei tem quatro palácios, a saber: o de Calamina (Cana, Canamina ou Calmina), que tem três portas e é o maior, em que habita; o de Bomé (Abomé ou Abomei), que tem duas portas, aonde se fazem as festividades e os reis são sepultados; o de Géná e o de Adra (Ardra ou Aladá), aonde são aclamados, os que também têm duas portas.

---

* Os pretos africanos, como são no último extremo supersticiosos, têm crença e zanga positiva com todo aquele indivíduo que se acha assinalado pela natureza; assentando consigo muito firmemente que o defeito físico influa na moral, e, segundo esse defeito, que insurge e se deixa ver, como fora o do corcunda, aplicam a crença e a superstição a diversa cousa, tendo o defeito por infalível indicativo dela, o que fazem extensivo a [qualquer] sinal achado e divisado no corpo humano.

Em grande distância do palácio do rei em Calamina há um reduto e muralha alta, feita de barro, que o segura, guarda e defende. Dentro dele há diversas mesquitas ou pagodes, há armazéns, em que o primeiro e o segundo almoxarife guarda a riqueza do rei. // p. 23 //*

De um lado do palácio fica o serralho, isto é, um sem-número de sanzalas,# em que moram as mulheres do Rei, que, com as dos antepassados, chegam a 900 mulheres, as que ali se conservam detidas, e encerradas até morrer, e neste número também entram as muitas escravas, que tem, e possuem. // p. 24 //

---

* Damos promiscuamente o nome de mesquitas e de pagodes às pequenas casas de oração em que os africanos se entregam nelas aos exercícios de sua falsa religião, abraçando um destes nomes dos templos de uma das religiões pagãs, e não usamos da palavra templo, para não confundir-se e nem injuriar a religião cristã e verdadeira, que usa desse nome templo, e, se alguma vez nos temos dele valido, é impropriamente falando.

Sanzala, no seu comum, se chama toda casa de moradia e assistência de homem preto, e daqui translaticiamente também se torna e significa toda e qualquer casa de pessoa humilde e pobre; porém entre os africanos chega de dois modos: o 1.º, fazem fincar certos paus iguais na terra paralelos entre si, e porque as extremidades superiores são esgalhadas, à maneira de umas forquilhas, nelas, fazendo atravessar, descansa um pau, que fica servindo de ponto ao telhado; de uma e outra parte na distância, que outras forquilhas mais baixas, tmbém paralelas, os que ficam servindo de pé direito, por cuja forquilha fazem passar, e descansar os paus de travessas; fazem prender e desprender da travessa do ponto do telhado outros paus, que vêm atar e prender as extremidades no pau das travessas do pé direito; depois fazem gradear esses paus com varas de palmo a palmo, sendo tudo preso com cipó de uma espécie de vime muito fina e comprida, e todo este gradeamento fazem vestir de palha sobreposta, e porque é ecoado e fica em plano inclinado, dá boa expedição às águas; o mesmo gradeamento fazem no fundo, frente e interior da sanzala, segundo o repartimento dela, e fazem vestir tudo de palha tão artificiosamente assentada, que a luz não passa de uma casa para outra, 2.º, observando-se a mesma construção quanto ao construção quanto ao telhado, só quanto a frente, fundo, lados e divisões interiores, fazem vestir todos paus de prumo com dois gradeamentos de varas, um por fora, e outro por dentro, o que fica servindo da grossura das paredes; por entre este gradeamento desencontrado fazem introduzir o barro, bem amassado, valendo-se do dos formigueiros, por ser fino, e já escolhido, ficando tudo assim barreado, secando, há e existe uma forte parede — e deste modo chegam a fazer casas ou sanzalas com primeiro andar.

Posto que o Rei tenha diversas mulheres, contudo entre estas, sem que prevaleça a maior afeição, nomeia uma para que no público e nas festividades se apresente e receba as honras de rainha; e, ainda que todas vivam encerradas, como fica dito, contudo, com licença do rei, guardadas e bem defendidas saem fora, por vezes divididamente com uma espécie de estado, e quase todas juntas se apresentam nas festividades.

As filhas do rei são chamadas cofiz (ahovi, ou, noutra leitura, ahosi), as quais nunca casam, e a prelada que governa esse grande número de donzelas é chamada vudunci (vodúnsi), o que corresponde a abadessa; e incorre em grande e grave crime quem as corrompe. Também se aceitam por permissão do rei algumas filhas dos cabeceiras, dos fidalgos e dos ricos para esta classe, tendo vocação para isto, as quais possam na mesma isenção por criadas das filhas do Rei.

É um grande delito a violação do serralho. Os homens são castigados com penas arbitrárias, e com torturas excogitadas pelo Rei ofendido.

A mulher do Rei, enquanto se verifica a transgressão nupcial, é trazida para fora dos muros, aonde, atada em uma haste de dois paus com a cabeça para baixo, ficando descomposta, é escarnecida pelos do Povo com todo o gênero de injúrias, e quem é mais amigo do Rei, e mais o quer obsequiar mais a injúria,# e afinal se lhe corta a cabeça. // p. 25 //

Há tanta cautela na guarda e defesa do serralho, que os filhos do mesmo rei, quando têm 12 anos, são mandados para fora dele, e entregues a um dos cabeceiras, para os ter em sua companhia e os educar, no que recebem grande honra e estimação, e, no futuro, procedendo bem e se fazendo dignos das heranças vacantes, se casam e vêm a ser cabeceiras.¶

As injúrias, com que os do povo ludibriam a mulher do rei, que violara o serralho, sendo arbitrárias e da invenção de cada um, contudo as mais frequentes são escarrarem nas pudendas, lançarem-lhes terra por desprezo, introduzirem-lhe diversas palhas e pauzinhos com espinhas para a maltratarem, e fazem-lhe outras muitas cousas.

¶ Como aqueles povos africanos vivem em continuada guerra com seus vizinhos, e os filhos e netos do rei, e sobrinhos e primos vêm a ser cabeceiras e, quando não sejam,

Quando o rei morre, é conduzido com grande pompa e aparato fúnebre ao palácio de Bomé e, ali estando, feita uma grande, funda e espaçosa cova, sobre um girau[#] ou cama leito com // p. 26 // varas, se deposita o cadáver, e, sendo escolhidos e nomeados quatro dos fidalgos mais anciões e respeitosos, por tempo de oito dias, dois da parte da cabeceira e dois da parte dos pés, servindo-lhe de guarda, de companhia e de assistência, se ocupam em enxotar as moscas, e talvez que deste antigo rito os fidalgos na sua antiguidade derivassem o nome de cabeceiras.

Findo os oito dias, indo ali ter o rei, os seus grandes e muito povo, se faz uma das maiores festividades, como se deixa dito e indicado.

Depois de um grande jantar e dos festins, se manda introduzir no sepulcro ancorotes de aguardente, todo gênero de comidas, outras muitas cousas, como zimbo, peças de seda, rolos de tabaco e mais ofertas, e fazendo-se com varas uma espécie de abóbada em altura competente, sem que a terra possa passar e chegar ao cadáver, por cima dessa abóbada e grade de madeira e de varas fazem lançar terra, até que a cova fique cheia, segurando-se, que aqueles quatro assistentes ficam igualmente sepultados e de guardas ao rei.

Porém, como tudo isso se conclui com proximidade à noite, havendo variedade nesse ponto histórico, alguns dizem que esta disposição se ordena

---

vão à guerra só para adquirirem cativos, não causa admiração que, ficando vencidos e prisioneiros, venham a ser cativos e vendidos pelos vencedores, e daqui se segue que, por estas mesmas razões, existam alguns em cativeiro no Brasil.

[#] Girau é cama ou leito em que dormem os homens pretos africanos. Ela se forma da maneira seguinte: no solo se fincam quatro, ou seis forquilhas curtas e iguais, duas a duas paralelas entre si, porém sempre todas iguais e da mesma altura; por entre os galhos de uma forquilha a outra fazem passar um pau de travessa, que atam no pau de forquilha com cipó, isto é com uma espécie de vime fina; por cima desses paus de travessa fazem repor e juncar certas varas do comprimento da cama, encostando-se uma às outras, e fazem prender as extremidades das varas nos paus das travessas com o dito cipó, o que fica figurando uma esteira elevada, tecida e fabricada com vara, e por cima deste gradeamento e leito fazem lançar palha, que lhes serve de colchão.

de tal modo que, de noite, são tirados esses assistentes // p. 27 // e, para que nunca mais sejam vistos, são mandados para um remoto, e afastado degredo, o que tem por grande honra e distinção.

No dia do aniversário do rei falecido ou logo depois, conforme o rei determina, em Bomé há outra grande festividade e, precedendo o jantar e os festins, se trata de mandar um recado ou embaixada ao rei falecido, o qual consiste em fazer-lhe significar o filho as muitas saudades e lembranças que tem dele, mandando lhe dar uma fiel conta de tudo quanto tem feito, cobrado depois de sua morte, expondo-lhe as causas, os motivos, e também lhe manda propor certas cousas, interrogar e consultar sobre pontos e artigos em que tem dúvida e melhor se quer deliberar.

Este recado ou embaixada se efetua da maneira seguinte. Entre as mulheres nobres, para o que há empenhos e estímulos na preferência, se escolhe aquela que é mais bem feita, mais formosa e de perfeita idade, a qual, depois do jantar e dos festins, se apresenta ricamente vestida, muito alegre e satisfeita, e, tendo perante todos uma larga conversação com o rei sobretudo quanto ele lhe quer mandar dizer, dando-lhe ósculos, abraços, para entregar ao pai falecido, sustentando a mesma presença de // p. 28 // espírito, porque dá todas mostras disto, rindo-se, saudando a todos e levando em gosto ir a semelhante fim, quando o Rei lhe entrega o bastão, para testemunhar, que a embaixada é verdadeira, na presença dos circunstantes, se lhe corta a cabeça.

Quando o rei sai fora, ou é em uma sege e carreta coberta, ou em cadeira* e rede, puxado ou carregado por homens pretos, sucedendo uns aos

---

* Essa cadeira entre eles se chama palanquim; ele é como um casco das seges de caixa, ou sem ela, aonde dentro vai o Rei assentado, ou deitado, sendo o palanquim de rede; os desta classe tem o tejadilho comprido à imitação da concha de um cágado, e todas na circunferência do tejadilho têm pendentes cortinas de correr e fechar, para ser visto ou deixar de ser: Por dentro do tejadilho passa um pau arqueado, segundo a configuração deles, o qual acaba reto, e distando-se os braços, lhes são almofadados *outros, e, por isso, é costume seguir e acompanhar o povo ao rei, com quem ele se encontra, e incorre em crime quem assim não faz e tanto não pratica.*

O Rei não dá audiência, manda chamar a quem quer e castiga a seu arbítrio, segundo a qualidade do crime e do delito, entrando primeiro em conhecimento de causa e sendo informado da verdade. // p. 29 //

Tem a seu lado dois secretários, chamados Mezé e Mingá. Mezé conhece e representa ao rei tudo quanto é conveniente e sucede, donde o rei habita até a borda do mar, na distancia de 30 léguas, e Mingá, tudo que respeita a terra dentro, e, segundo os seus postos e distritos, são chefes e generais de guerra.

Os embaixadores são chamados larins (ilaris) e, por seu distintivo, têm parte da cabeça rapada, ou uma poupa de cabelo, e ao embaixador se entrega o bastão, figurando ser o do rei, para se tenha a embaixada por verdadeira.

O rei, à sua custa, nas estradas públicas e em diversas partes, manda construir umas certas casas francas, de distância em distância, para que nelas pernoitem, se recolham e descansem os viandantes, que transitam de uma para outras partes.

Como todo aquele reino sustenta continuada guerra com os reis circunvizinhos, tudo para adquirir escravos, sendo este o seu mais sólido patrimônio, concluída a guerra, os vencedores trazem ao rei os vencidos, e este, por efei // p. 30 // tos de um direito eminente, tira os escravos que quer, faz deles mimos às suas mulheres, aos cabeceiras ou fidalgos, e os mais manda à borda de água, aonde todos têm correspondentes, vender a sua porção de escravatura.

Daqui bem se infere, que os melhores cativos são do rei, das suas mulheres e dos cabeceiras, ao que lhes chamam flor, e a mais inferior é a dos particulares e daqueles que foram vencedores, por que nela se compreende

---

nas suas extremidades, para que, descansada nos ombros dos carregadores, não sejam molestados, e nesses braços é que se prende a rede, que são desta classe.

o refugo, os doentes, velhos, achacados e defeituosos, passando a constituir 1.º, 2.º e 3.º lote.

No centro daquela barbaridade, impolidez e nos desconhecimento dos objetos políticos, se observa que a nobreza não é hereditária. Fidalgo e nobre é aquele que melhor procede, põe em exercício as boas obras e o que mais se liberta dos crimes e dos vícios, ajuntando a tudo isto alguma riqueza.

Entrando o rei em conhecimento de causa, os distingue, os chama para sua amizade e os faz cabeceiras, que são outros tantos fidalgos e juizes, à imitação dos nosso ricos homens, que nos primitivos tempos foram corregedores.

A estes, assim dignos e merecedores, lhes dá o rei terras na sua contiguidade, escravos, mulheres, // p. 31 // como fica dito, manilhas de prata para os braços, ferropeias ou argolas de prata e prateadas para os pés, enfiadas de corais para suas mulheres e, quanto mais grossos, mais afeição, porque também são mais preciosos, e outras muitas cousas.

Isto é de tanta observância e de tão rigoroso cumprimento, que, sucedendo falecer qualquer dos cabeceiras, por efeitos do mesmo direito eminente, o rei, sendo o principal herdeiro, tira para si o que muito quer, e por uma nova graça confere a herança ao filho primogênito e, não tendo qualidades, ao segundo e aos mais, pela sua ordem, e, quando em nenhum deles concorrem as boas circunstâncias de honrados, de inteiro procedimento, livremente confere a herança a estranhos e aos novos cabeceiras.

O mesmo e outro tanto se pratica com os particulares e, entre eles reinando a simples luz da razão natural, se observa com toda exação o bem sabido titulo do Código Romano, "De lis quo indignis auferuntur".

Esta espécie de premio conferido aos bons, as esperanças de serem elevados a cabeceiras e de entrar na sucessão dos títulos e das heranças vacantes, e a infalibilidade da pena e do castigo de serem reduzidos a escravidão, cometendo e incor // p. 32 // rendo em crime, tem sido bastante para que os homens pretos, pela maior parte, se contenham de não furtar e ofender aos outros, e, tanto assim, que as suas choupanas, ou sanzalas, são muito mal seguras, não passando de ter uma chave, aldrava, tramela ou travessa de pau, que por fora se abre; ainda que os mais abastados têm armazéns em que guardam e depositam suas riquezas e mercadorias, e escravos que as vigiem, e como tudo quanto os escravos adquirem é para seus senhores, aqueles mesmos se abstém do furto por estes princípios, análogos ao direito escrito das Cortes civilizadas, que eles desconhecem, e os outros com terror da pena, do castigo e de serem reduzidos a uma perpétua escravidão.

Os flagelos com que são castigados os homens pretos africanos e no reino Daomé, havendo diferença e distinção de maiores e menores, preterindo-se estes que, sendo vários e arbitrários, são infinitos,* falaremos tão somente dos maiores pela sua ordem. // p. 33 //

---

* Fazendo-se diferença dos delitos públicos e privados, como na classe destes se entendem aqueles em que os escravos ofendem e desobedecem a seus senhores, ao arbítrio destes fica castigá-los como bem lhes parece, em particular, e sendo eles cometidos por homem livre contra homem livre, se requer a certos magistrados menores, a que se chamam souvas (sobas?), para os castigar, como merece a satisfação do ofendido, e eis aqui desempenhada uma quase pena de talião, conhecida em direito positivo, de que há vestígio em as nobres ordenações.

Quando porém os delitos são públicos e da classe dos menores, são os delinquentes castigados com o libambo, em que são metidos, e com o tronco, vindo a ser uma e outra cousa uma espécie de suas prisões.

Libambo vem a ser uma argola de ferro que circula o pescoço do delinquente, e, para ela ser metida e assentada, se faz abrir, até que possa entrar a cabeça do réu, o qual se faz deitar e se bate, sem que se ofenda o corpo, nos pontos da dita argola, que descansa sobre uma pedra, até que uma chegue a tocar a outra, ficando enfiado nela um dos anéis de uma corrente, que vai passando de uns a outros; e esta prisão é uma espécie de galé, só com a diferença de que aquela de que se usa, nos presos africanos usam no pescoço.

Tronco é um pranchão de grossa madeira, o qual, sendo partido e serrado pelo meio, se assenta de cutelo muito certo em uns detalhes feitos em toros de madeira, que lhe fica servindo de pés; uma extremidade deste pranchão fica ligada por meio de uma maxafemia (macho-e-fêmea?) que dá lugar a uma parte ser aberta e levantada, quando na prisão se quer meter o réu, e a outra extremidade do pranchão se segura e se fecha com um ferrolho que se prende com chave. Pela fenda do serrado do pranchão se faz abrir uns círculos folgados, em que caiba o pescoço do réu, ficando a grossura da madeira entre os ombros e a cabeça, ocupando o cumprimento do pescoço; se fazem abrir outros círculos, em que caibam as canas dos braços, e outros, em que se metam as canas dos pés. Quando o delito público é menor, se prende o réu tão somente pelo

Vem a ser o primeiro a pena de morte; segundo, o cativeiro, fazendo-se servos do crime, passando a ser vendidos, com excesso nesta parte da legislação romana; terceiro, serem açoitados com azorragues de pele // p. 34 // de elefante, com pauladas pelo corpo e na sola dos pés.

As terras, que ficando distantes e remotas, o rei as não dá aos cabeceiras e a beneméritos; ficam francas para cada um tomar a que quiser, para sua privativa cultura.

Os gêneros que mais plantam e cultivam, além de outros de seu particular apetite, é o milho e o feijão, e nisto mais se esmeram e capricham; porque usando deles para o seu natural sustento, lhes serve de seu ordinário pão.

Neste lugar, sendo aliás oportuno, amando a brevidade, me dispenso referir os muitos guisados, que a seu modo fazem de um e outro gênero, *

---

pé; quando é alguma cousa maior, se prende pelo pescoço; e quando é muito mais grave, se prende pelo pescoço e alguma outra parte pelas mãos, servindo isto de tortura, porque nem se pode coçar nem dar jeito ao corpo, ficando deitado.

* Do milho moído reduzido a farinha fazem as papas simplesmente temperadas com o sal umas vezes, outras as temperam com azeite de dendê e com pimenta e gengibre, e também às papas temperadas com o sal lhe fazem ajuntar o mel, ou açúcar, e a este terceiro guisado chamam canjica, à imitação dos asiáticos, que usam da canja por pão, só com as diferenças que esta é feita com arroz e aquela de farinha do milho. Dessa mesma farinha do milho, sendo bem amassada e temperada com sal e mel de abelhas, ou açúcar, sendo essa massa metida dentro de folhas das bananeiras, passadas pelo fogo, atando-se as extremidades dos tubos, assim como fazemos aos chouriços e paios, pondo-se a cozinhar em água, sem que esta possa nunca passar dentro, fazem outro guisado, a que lhe chamam pamonha. Da mesma farinha de milho, metida em um pano, sem que leve água, temperada com o sal, e posto o pano com ela na boca de qualquer panela, enquanto se cozinha outra cousa, ministrando água precisa o vapor, fazendo o cuscuz, que é muito semelhante ao nosso pão de milho.

Também cozinham o milho inteiro e quase seco, como os nossos feijões, que, temperado com sal, lhe serve de pão. Sendo este milho cozido, pilado e quebrado, posto de infusão de um pequeno ácido, como o das nossas limonadas, a esta espécie de comida, e de bebida ao mesmo tempo lhe chamam aluá. Sendo o milho inteiro torrado de tal modo até rebentar e estalar, dando sinais de estar assado, lhe chamam pipoca: a esse mesmo milho torrado e muito pisado com sal, açúcar lhe chamam fubá de milho.

Do feijão fazem um emparelhado uso, equivalente ao seu pão, e o comem cozido, temperado com sal, pimenta e azeite de dendê, e o ajudam com o outro pão do milho; também o comem torrado, havendo sido deitado de infusão com sal, e sendo moído e temperado com os pimentados, a essa espécie de massa e de bolo lhe chamam abrém *temperado // p. 35 // com azeite de certa palmeira, ao que lhe chamam de dendê,* e a árvore de dendezeiro. // p. 36 //*

Dispenso-me também de referir o modo, com que do milho fazem extrair o vinagre com que se suprem e temperam todas suas comidas, e uma espécie de vinho ordinário com que se embebedam.

Também fazem uso de uma terceira espécie de pão subsidiário, qual é de todo gênero de batatas, de que muito abunda aquele país, que, por infinitas# e de diversos tamanhos e qualidades, deixo de indicar e especificar. // p. 37 //

(abarém), e, sem os pimentados, abra (abará), e adverte-se que qualquer dessas massas é metida e empalhada nas folhas de bananas secas, ligados estes embrulhos por fora com imberiba [embira] da mesma bananeira, estando tudo assim disposto, os fazem cozer em água bem quente, sem que esta nunca possa passar dentro, por causa de se achar bem empalhados e ligados. Do mesmo feijão moído, temperado com sal, pimenta e gengibre, fazendo-se uns pequenos bolos, que são fritos em azeite de dendê, a esta comida lhe chamam acarajé.

* Desta espécie de azeite, chamado de dendê, não só fazem uso na comida e nas luzes, mas também em seus curativos, tendo-o por muito medicinal e preservativo, como logo se dirá. Fazendo-se deste azeite uma certa massa com uma pequena parte de farinha de milho, muito peneirada, sendo tudo fervido, com ela curam os cancros, porque a massa, secando com o calor do corpo, e do mesmo cancro segura em si o tronco dele, o azeite tem virtude de cassar as raízes; depois de dias com banhos de ervas com leite, se desapega a circunferência e, observando-se que o cancro não está extraído, sem que se ofenda com extração violenta, do modo possível por entre a pele e o emplastro, se faz introduzir mais azeite, tornando-se nesta operação, por vezes se extrai o cancro com todas suas raízes.

Os africanos, para viverem fartos e abundantes, além de comerem as diversas qualidades de abóboras, fazem um constante uso de todas espécies de raízes, que, cozidas, ficam tenras e macias. Destas, algumas são bravias e agrestes, como são da bananeira, da taioba, do coco e de outras mais, e as menos bravias são as batatas, o aipim, o inhame, o cará, o mangarito e outras muitas. Também fazem cozinhar as bananas verdes sendo descascadas, as quais, sendo bem picadas e cozidas, fazem uma espécie de papas com um adocicado natural, proveniente do mesmo fruto, o que não é desagradável, e a esta comida lhe chamam angu de bananas, e deste modo aproveitam este gênero de fruto, quando não sendo sazonado, o vento o faz lançar por terra, ou quando a árvore, não podendo com o peso do seu cacho, se quebra, e muitas vezes, para acudirem as suas precisões, a fazem cortar para este fim, o que praticam com mais frequência, quando têm abundância deste fruto maduro.

Aqueles povos, para socorrer a sua nutrição, fazem um constante uso das muitas ervas, que comem, cozidas e temperadas com azeite de dendê, com sal, pimenta malagueta e gengibre,* muito gostosamente com qualquer do indicado pão.

Fazem uso da carne do boi do mato, dos elefantes, dos carneiros, das cabras, dos cabritos e das galinhas, e, como tudo isto é caçado, e não de criação, por isso não têm destes gêneros maior abundância.

Também se nutrem com os peixes das lagoas e, tendo as cobras por peixe, as comem assadas e torradas. // p. 38 //

Como aquele país é muito cálido, há uma grande falta de águas nascentes, e estas mesmas são salobras, e para se suprirem fazem um constante uso das águas das lagoas e encharcadas, que, por isso, não são sadias e pouco convenientes à saúde.#

Fazem uso de muitas e infinitas frutas silvestres, porém, entre os muitos do seu particular amanho e cultura, como mais principais, são as bananas, a laranja, o melão e a melancia.

Têm por uma espécie de asseio untarem-se com azeite de dendê, tanto porque ficam mais pretos, como porque ficam mais luzidios e cheirosos, ser-

---

* Estas ervas os pretos africanos comem de muitos e diversos modos: umas vezes as comem simplesmente temperadas com sal e vinagre ou limão; outras, as fazem picar e bem cozer, até as reduzir a uma espécie de papas e, ajuntando-lhe sal, vinagre, azeite, pimenta, gengibre e cabeças de peixe seco e salgado, a este guisado lhe chamam caruru, do que muito gostam, acompanhando com o seu pão e, quando lhe fazem ajuntar parte de farinha de feijão torrado e moído, levando todos sobreditos temperos, e, na falta da farinha de feijão, uma pequena parte de farinha de milho, muito fina, ajuntando-se-lhe carne assada desfiada ou moída, sendo torrada, ou de peixe assado, o que tudo junto faz com que as ervas se não dizem.

Os pretos africanos reconhecem, tanto pela experiência, que essas águas lhes são danosas e prejudiciais à saúde, que, no desengano de serem desagradáveis e dissaborosas, os que melhor querem consultar os interesses da sua conservação, lhe fazem ajuntar uma pequena gota de aguardente.

vindo também de afastar de si as pulgas, os bichos* e o calor do fígado, como entre os dedos // p. 39 // dos pés, das mãos são atacados, o que, servindo no afaste de preservativo, ao mesmo tempo é medicinal.

Como aquele clima do país é ardentíssimo, além de se lavarem com frequência nas lagoas, sendo em sítio que as haja, tanto os de um como do

---

* Como dissemos que os homens pretos africanos usam de se untar do azeite de dendê, para neste preservativo devemos dar uma ideia clara a esse respeito e classificar o de que falamos. Como aquele clima seja ardentíssimo e haja muitas e frequentes febres, e malignas, que, por serem contagiosas, com maior força em certa quadra e estação do ano, lhe chamam carneirada, e costuma-se na via posterior gerar uma espécie afastar de si a doença do bicho, sendo ela de três qualidades naquele país e continente, por isso de bicho nas paredes do ânus, que se dilata até os intestinos, começando por uma espécie de [lêndeas???....] ou válvulas, que bem se conhece, metendo o curandeiro o dedo untado com azeite, e se cura esta enfermidade com continuadas mezinhas de sal e pimenta, o que, não sendo bastante, lhe ajuntam o limão, depois o salitre e por último a pólvora, em virtude do que se observa na escoriação uma grande quantidade deles mortos e cortados, ainda não fermentados, e quando qualquer destas mezinhas chega à carne viva, depois de haver feito o seu dever, é uma dor e ardência insuportável, ocasião em que se conhece que se acham salvos desta enfermidade e, continuando a não destas mezinhas chega à carne viva, depois de haver feito o seu dever, é uma dor e ardência insuportável, ocasião em que se conhece que se acham salvos desta enfermidade e, continuando a não sentir este curativo, infalivelmente se morre, e muitos entre nós mesmos morrem desta moléstia desconhecida e incurada; porém desta não é a de que falamos.

Há outra moléstia chamada de Bicho, que consiste em uma espécie dele que se gera em qualquer parte do corpo, que é bem semelhante a uma fina linha que se dilata pelo corpo, ficando no exterior apenas o sinal de sua cabeça, a qual é incurável, ainda que alguns ma afirmaram, que virão extrair com dificuldade, de dois, três a quatro palmos sem se quebrar, ficando sãos os indivíduos que sentirão esta enfermidade; porém também destes não falamos. Há uma terceira espécie de bicho, que é muito vulgar na África, ainda mesmo no Brasil, nas pessoas imundas, aquele também semelhante a [um] pequeno pulgão e que se encrava nos cantos das unhas, ou em qualquer parte do corpo imundo, o qual é muito fácil de ser tirado com a ponta de um alfinete, uma vez que se sente comichão, porém militando a negligência e o abandono, ele se gera e cresce, ficando do tamanho de grão de cevadinha bem cozido. Estando [detido???.....] gerados e crescidos, após [...temão???.......], causam frios e febres; entrando em feturação (?), lançam de si infinitas lêndeas e ovículos, que formam segunda e terceira camada, que tornam a crescer, e após [...temar???.........], o que dá ocasião a gangrenar-se, a haver cortes e a morrer, e, para se obviar esta espécie de moléstia, é haver limpeza no corpo por meio de continuadas lavagens, e alguns se lavam com urina e untam o azeite de dendê para os afastar.

outro sexo andam nus, apenas trazem na cintura um curto pano, ao que lhe chamam tanga.

Os que são ricos, cabeceiras, fidalgos, a trazem de seda e segura na cintura com corrente de prata, ou prateada, e os pobres a prendem com cordas.

Para sua maior compostura e decência, trazem de um ombro para debaixo do braço do outro ombro um // p. 40 // pano, que cobre parte do corpo, a que lhe chamam mablé (ou seria hobbé?).

Para se formosiarem fazem picar em xadrês e como muito querem os seus braços e corpos, e nunca a cara, do que só usam os nagôs e maclins (mahis ou makis), povos circunvizinhos, o que serve de distintivo de nação, além do seu particular idioma, e os das outras nações até fazem furar uma das ventas, para meter corais, argolas, que lhes servem de enfeite e adorno.

Por grandeza e ostentação, trazem muitos anéis nos dedos das mãos, já de ferro, de cobre, de latão, já dourados e prateados, e as mulheres mais ricas trazem por suas joias, entrelaçadas nos cabelos, borboletas, meias-luas douradas e prateadas, e uma espécie de garfos, e correspondem aos nossos pentes, e outras muitas cousas, a que lhe chamam feitiços.*

Tem homens pretos curandeiros, a que muitos chamam bocós [boconon], e estes correspondem, de um modo imperfeito, aos nossos médicos;# também

---

* Chamam a esses enfeites feitiços, porque são joias do seu maior gosto, apetite e encanto, e por também sempre correspondem a aquilo ou a algumas das cousas em que têm maior crença.

\# A medicina entre eles é tradicional, e tanto assim, que aplicam os remédios, porque viram aplicar os seus antepassados, e não dão a razão da eficácia deles e nem a causa e a origem das enfermidades. Fazem muito e constante uso da botânica, aplicam os simples e ignoram de todo os compostos, e se tem por melhor curandeiro aquele que mais sabe e tem notícia de mais ervas e raízes medicinais, e que em si conservam o segredo para o que devem ser aplicadas, e são tão astuciosos e industriosos, que trabalham muito em achar outras iguais e semelhantes, que não produzam o mesmo efeito, o que franqueiam só para enganar, e para que se não saiba e se não conheçam aquelas, desfazem o seu particular uso, inculcando ciência, que não há, e pedantismo, que só tem seus sangradores, // p. 41 // a que muitos chamam tanglitós, que correspondem, ainda que mal e imperfeitamente, aos nossos cirurgiões. As suas sangrias são sarjas,* na ocasião das malignas e das carneiradas.# As suas ventosas são umas pequenas cabaças, ao que lhe chamam cumbucas, porque as maiores, // p. 42 // não servindo para este ministério, se reservam para nelas ser guardado o azeite, o vinagre e o vinho.

Em Grougue, isto é naquela terra, região e província próxima ao mar, há um governador, a que lhe chamam avogá (yovogan ou yevogan), e este recebe de direitos para o rei 65 rolos pequenos de tabaco⁋ de todo navio de

---

existe. O certo é que deste modo curam muitas enfermidades, que entre nós passam de dificultoso curativo, como são os acidentes de gota coral, o calor do fígado, os antrazes, carbúnculos, cancros, bexigas, malignas, carneiradas, toda espécie de qualidade de febres, enfermidades todas estas tão vulgares. Acontecendo mais, e sucedendo picar alguma cobra, além de fazerem uso da triaga, fazem pisar uma certa erva de seu segredo, que dando a beber o suco dela e pondo sobre a ferida essa magia vegetal, servindo de contraveneno, incontinente se atalham os segredos do veneno, de todo ele se cura.
* Fazem um constante uso das sarjas, e não das sangrias, mutilando com um canivete ou navalha certas partes de todo seu corpo, porque as malignas e as carneiradas são tão fortes e engrossam de tal modo o sangue, que só desta sorte e por meio desta operação pode sair dos vasos em que se acha depositado, perdendo a sua cor natural de vermelho, passando a ser denegrido, [???.....], e não obstante esta jugulação e operação instantânea, muitos morrem.
# As malignas e as carneiradas são ali tão vulgares e tão esperadas; na estação calmosa e ardente passam por uma moléstia epidêmica, por uma espécie de contágio de peste, que para se acudir a elas, além das sarjas, se faz uso das mezinhas de sal, limão, pimenta, vinagre, salitre e pólvora.
⁋ Os pequenos rolos de tabaco, que se fazem para a negociação da Costa da Mina, se chamam mongotes. É de advertir que, na sua origem, por uma proibição expressa que ainda dura, bem se determinara que para a Costa da Mina só se enrolasse aquele tabaco, que só fosse considerado inferior o da pequena folha e o de refugo, porém o abuso emparceirado com a ambição tem chegado a um tal ponto, procurando-se a maior extração e a prosperidade da negociação para a Costa da África, que para ali se enrola o melhor tabaco, ficando o remanescente, o da pequena com mesmo refugo, reservado para ser remetido para Portugal, em grave dano, e prejuízo de um ramo de negócio mais estável e de outra consideração, e enganando-se as pessoas prejudicadas, se diz que parte daquele gênero se danificaram, e [ardera?..............] na comprida

dois mastros que ali vai ter a fazer negocio de transportar escravatura, e 81 rolos da mesma classe pelos navios de três mastros.

Este governador de contínuo tem dois espias contra si, os quais espreitam e observam tudo que ele faz, pratica e comunica com os brancos que ali aportam, para fazer saber o rei, o que, deste modo, vem no conhecimento, e ele procede fiel, se é enganado ou deixa de ser pelo governador. // p. 43 //

Como de Grougue até ao mar há três lagoas, entre elas há um cabo de guerra chamado cacao (kakao), que, registrando tudo, não consente que suba e desça para o mar e para a terra pessoa alguma sem licença daquele governador, a quem o cabo é sujeito.

Nas praias, há outro cabo de guerra, chamado gampé, o qual corre com o embarque e desembarque dos que ali aportam, com prontificação das aguadas e mantimentos.

A moeda provincial daquele continente é o búzio ou zimbo, o qual se guarda nos armazéns respectivos de cada um, já do rei, dos cabeceiras e das nações que ali concorrem por intervenção dos almoxarifes, como é a portuguesa, inglesa e holandesa, que naquela costa têm fortalezas.

Aquele búzio que se acha furado tem maior estimação, porque indica que, havendo sido contado e enfiado em uma palhinha muito forte, já estivera em poder do rei.

Há toques, galinhas e cabeças de búzio: um toque se compõe de 40 búzios, e corresponde a 20 réis; uma galinha compreende 200 búzios a 100 réis; uma cabeça corresponde a 5 galinhas, e 1000 búzios, o que corresponde a 2$000 réis da nossa moeda. // p. 44 //

---

e dilatada viagem, sendo esta a razão por que as viagens que de Portugal se projetam para a Costa da Mina são desgraçadas e porque também se faz queimar por incapaz uma grande porção deste gênero.

MEMÓRIA SOBRE O REINO DO DAOMÉ

Adverte-se, por último, que o búzio, sendo negociado por homem branco, sempre vale mais de 50 a 100 réis por cabeça do que aquele outro, que para em poder do homem preto.

Como pois os homens pretos africanos muito respeitam os brancos, até na mesma moeda e dinheiro por eles possuído, sem que me intrometa em objetos políticos, não sei se seria acerto que os condenados à pena última fossem dirigidos àquele rei, porque, cometendo novos crimes, seriam castigados como merecessem; no caso da emenda, o que é bem de esperar, renascendo e revivendo em um país estranho, libertando-se das injurias de fato e de direito, não deixando de ter cada um seus ofícios respectivos, entrariam a civilizar aqueles povos e, merecendo entre eles as primeiras estimações, viriam a ser cabeceiras e, no caso de um partido desigual, por qualquer circunstância superveniente, poderia bem acontecer que um destes, participando da sorte de um Viriato, fosse aclamado rei. Feliz época e ditosos tempos em que uns novos costumes fossem plantados.

Como pois no público levanto a voz, anunciando uns costumes até hoje desconhecidos, e tendo percebido envolvência de certos fatos que parecem apócrifos, eles mesmos me incumbem a estrita obri // p. 45 // gação de justificar-me perante o mesmo público a q me tenho sido molesto.

Nos primeiros anos da infância, por ter sido senhor de muitos escravos daquela Costa, deles mesmos mendiguei os primeiros informes a este respeito.

Militando a idade militaram os conhecimentos. Em Lisboa, me vali de Francisco Leite, que me acompanhou na composição do Dicionário desta língua, que apenas, com sumo trabalho tenho concluído quanto a letra A, que, por ser oriundo e natural daquele país, me deu uma informação mais exata, ratificada por vezes na ordem do meu desvelo e, sendo ela tanto farta como fidedigna, nesta indagação entrei com algum mais critério, para proceder seguro.

Vindo aqui ter os lerins, isto é, os embaixadores africanos, além da catequização da sua conversão, o que felizmente consegui, de dia e de noite pesquisei grande parte do que deixo transcrito.

Tudo foi confirmado pelo capitão Luís Caetano da Acenção, que, retornando para Daomé, hoje e ainda vivo, está sendo intérprete dos portugueses perante o rei.

Igualmente ratificam as minhas ideias adquiridas o Padre Scalona, que, por muitos anos fora cape // p. 46 // lão e reitor da freguesia de S. João do Castelo de Ajudá, donde passara para vigário da igreja das Caldas da Rainha.

Tudo por último foi confirmado pelo capitão José Joaquim das Neves, que, por nove anos, fora almoxarife em Ajudá, o qual, por ser homem branco e se achar naquele ministério, por vezes fora convidado para todas aquelas festividades e assistira ao recado que o atual rei mandara ao seu pai falecido.

Este dito capitão de Lisboa, depois de haver sido almoxarife, fora mandado por diretor da negociação do navio Esperança a aquela dita Costa e baía de Guiné e, retomando, atualmente vive nesta cidade.

Expiando-me dos crimes de fabuloso e de impostor, certifico com toda candura ao público, de quem desejo merecer a fé de verdadeiro escritor, que as minhas combinações foram exatas, e, se por um acaso imprevisto, me acho réu, certifico que, inculpado, sem poder ser bom aos meus desejos, fora no desacerto enganado por muitos.

Praz a humanidade que, em prêmio das minhas indagações, do Velho ou do Novo Mundo vibre um raio de luz que ilustre aqueles povos que vivem sepultados na inércia, na // p. 47 // impolidez e na incultura, para que, no indulto do passado, esperançando-me em prosperidades futuras, eles venham a ser úteis ao corpo moral e civil da sociedade humana.

Praz a Cristandade, que, em triunfo da Religião, eu possa mandar ao Ente Supremo os sonoros cânticos entoados pelo Rei David:

Cantante Domino

Canticum Novum

MEMÓRIA SOBRE O REINO DO DAOMÉ

Recitado na seção pública da Real Academia das Ciências de Lisboa, em 23 de maio de 1806.
Por um dos seus sócios,
Luiz Antonio de Oliveira Mendes.

Releiamos a *Memória*, porque, insisto, vale a pena, ainda que não tenha a riqueza de dados do relato escrito pelo padre Vicente Ferreira Pires, seis anos antes, sobre sua embaixada junto ao rei do Daomé. Não tem nem poderia ter, pois o padre, além de passar quase um ano em terras daomeanas, ali viveu uma experiência única, a sua estada coincidindo com o envenenamento do rei Agonglo e com a violenta ascensão, em 1797, de Adandozan ao poder.

Após desenhar de modo complicado o contorno do continente africano, Oliveira Mendes o qualifica de "desgraçado", porque não acompanhou as outras partes do mundo e se manteve atrasado. Apresenta, então, algumas razões para essa desventura, entre elas a maldição de Noé contra os filhos de Cam, anátema que legitimaria — primeiro, entre os islamitas e, depois, entre os cristãos — a escravização dos negros. Na Bíblia, o relato encontra-se em Gênesis, 9, 25-27. Sobre a história de Noé (Nuh para os muçulmanos) construiu-se uma justificativa ideológica falsa, uma vez que no texto bíblico se expressa claramente que a desgraça deveria cair sobre Canaã e não sobre Cuxe, de quem descenderiam os negros.[51]

---

[51] Sobre o surgimento dessa falsa interpretação do anátema de Noé, ver, entre outros, John Ralph Willis, "Introduction: The Ideology of Enslavement in Islam", em *Slaves & Slavery in Muslim Africa*, org. John Ralph Willis, Londres: Frank Cass, 1985, vol. I, p. 7-9; Ephraim Isaac, "Genesis, Judaism, and the 'Sons of Ham'", em *Slaves & Slavery in Muslim Africa*, ed. e vol. cit., p. 75-91; Bernard Lewis, *Race and Slavery in the Middle East*, Oxford: Oxford University Press, 1990, p. 123-5; David Brion Davis, *Slavery and Human Progress*, Nova York: Oxford University Press, 1986, p. 21-2 e 42-3.

Mais adiante, refere-se à fortaleza de São João Batista de Ajudá e indica que ela tinha então diretor e almoxarife. Desde o início de 1805, estes eram, na realidade a mesma pessoa, uma vez que, com a morte do diretor Jacinto José de Souza, assumira o comando da fortaleza o almoxarife Francisco Xavier Rodrigues da Silva. Era seu escrivão Francisco Félix de Souza, que se pensa possa ter sido irmão de Jacinto José e que mais tarde se tornaria famoso como o Chachá do Daomé.[52]

O relato sobre o Daomé começa na verdade com a descrição da Cobra Grande, ou Dabai ("Dáboi" é como grafa o padre Ferreira Pires), como sua principal divindade. É possível que esteja a referir-se a Dangbe (Danbe, Danbwe, Danhgbwe), a píton que era o vodum nacional dos huedás e cujo templo em Ajudá, com dezenas de jiboias, pasmava os europeus. Oliveira Mendes parece, contudo, pôr o culto de Dabai em Abomé. E pensamos saber que o vodum Dangbe dos huedás era objeto de desprezo e até de troça pelos daomeanos.[53] Tem-se, aliás, por correto que, embora o rei Agaja, após a vitória sobre Ajudá, em 1727, haja incorporado Dangbe ao seu panteão,[54] Dangbe não se tornou uma divindade proeminente em Abomé[55] — e é como a principal delas que aparece no texto de Oliveira Mendes. Suspeito, por isso, que a Cobra Grande do nosso autor seria um outro vodum do grupo Dan, Aïdo Huedo, a serpente-arco-íris, que comanda as qualidades dinâmicas da vida — tudo o que é flexibilidade e movimento — e que, tido como o primeiro a ser criado, e como aquele que, ao enrolar-se ao redor do

---

52 Pierre Verger, *Fluxo e refluxo*, p. 245.
53 Snelgrave (*A New Account*, p. 11-2) narra como os invasores daomeanos, em 1727, matavam e comiam, entre gracejos, as pítons sagradas de Ajudá.
54 A. Le Hérissé, *L'Ancien Royaume de Dahomey: moeurs, religion, histoire*, Paris: Larose, 1911, p. 102-3, 110 e 243.
55 Edna G. Bay: *Wives of the Leopard: Gender, Politics, and Culture in the Kingdom of Dahomey*, Charlottesville: University of Virginia Pres, 1998, p. 62.

mundo, o mantém íntegro e unido, era um deus de grande culto em Abomé.[56] Nos seus dois breve parágrafos sobre Dabai, Oliveira Mendes nos diz que essa grande cobra era diferente de todas as outras serpentes e "adorada em simulacro", isto é — leio —, não em sua forma viva, de jiboia, como Dangbe, em Ajudá. Diz mais: que a "viam coroada", o que arrisco a sugerir que se confundissem com coroa os dois chifres que ornam a cabeça de Dan Aïdo Huedo.

Logo em seguida, Oliveira Mendes alude a rituais ligados à lua, ou seja, possivelmente, a Maú (ou Mawu), a principal divindade daomeana, juntamente com seu irmão gêmeo e esposo, Lisa, que se mostra no sol. E passa, sem pausa, a nos falar da veneração pelas onças ou tigres.

Ou ele ouviu mal, ou aceitou sem maior exame fantasias sobre os leopardos. O que talvez não lhe tenham contado é que Agassu (ou Agasu), o fundador da estirpe real daomeana, era tido por filho de um leopardo com uma princesa de Tadô, Aligbonu, e que, por isso, o felino era o *tohuio* (*toxuio* ou *tohwiyo*) ou totem do clã real, além de um grande vodum, Kpo.

De que, no Daomé, cada pessoa, além de cultuar os numerosos voduns ligados à natureza, tinha seu vodum pessoal (fetiche é a palavra que ele emprega), deram-se conta os viajantes, desde Olfert Dapper, no século XVII. Oliveira Mendes os confirma, bem como que os daomeanos veneravam, particular e coletivamente, o vodum que fundara o seu clã e os seus antepassados divinizados.

Não dava, em pouco mais de três páginas, para fazer sequer um resumo do complexo universo religioso dos fons, nem julgo que o nos-

---

56 Ver Melville J. Herskovits, *Dahomey: An Ancient West African Kingdom*, Nova York: J. J. Agustin, Publishers, 1938, vol. II, p. 245-255; Paul Mercier, "The Fon of Dahomey", em *African Worlds*, org. D. Forde, Londres: Oxford University Press, 1954, p. 220; e Edna G. Bay, *Asen: Iron Altars of the Fon People of Benin*, Atlanta: Emory University Museum of Art and Archaelogy, 1985, p. 18-19.

so autor tivesse nisso maior interesse. Para Oliveira Mendes, as crenças desses deviam ser tão absurdas quanto as dos cristãos para os daomeanos. Difíceis de aceitar e, ainda mais, de descrever e explicar. Além disso, não deixou de sombrear com sua experiência brasileira o que lhe contaram do Daomé. Põe, por exemplo, na boca dos daomeanos, ao tratar dos amuletos, palavras que esses não empregavam, mas eram de uso no Brasil. Assim, "patuá"; assim "calundu"; assim, "mandinga". Atribui-lhes também o uso de termos como "saruê", "canjica", "pamonha", "aluá", "pipoca", "fubá", "caruru", "tanga" ou "cumbuca". "Patuá", no entanto, teria origem tupi, segundo Antenor Nascentes, e tupi seriam "saruê", "pamonha", "pipoca" e "cumbuca". Já "calundu" é um termo quicongo e quimbundo, do mesmo modo que "canjica", "fubá", "caruru" e "tanga". "Aluá" pode vir do quimbundo ualuá (walwa) ou do hauçá àlewà.[57]

O chamar-se um grigri de "bolsa de mandinga" defluiria (como Oliveira Mendes afirma em nota) do fato de terem sido os islamitas, especialmente os mandês, mandingas ou malinquês, mestres de seu fabrico e difusores de seu uso na África Ocidental. Deixa, aliás, claro o nosso autor que a sua "bolsa de mandinga" nem sempre era um grigri muçulmano: podia conter outras cousas que não versículos do Alcorão. E acrescenta que havia uma enorme variedade do que denomina "calundus". Entre os daomeanos, os amuletos não se restringiam a saquinhos de couro que se penduravam ao pescoço, prendiam aos braços ou se cosiam às roupas. Amuleto era também uma cordinha de ráfia que se amarrava de modo especial ao braço esquerdo. Ou um pequeno pedaço de pau pontudo, com uma cabeça esculpida na parte superior, e envolto num entrançado de fibra e cabelo, que se usava à cintura. Ou isto, ou aquilo, ou o que mais. Quem quiser ter uma primeira ideia da riqueza de tipos dos objetos

---

[57] Ver Yeda Pessoa de Castro, *Falares africanos na Bahia: um vocabulário afro-brasileiro*, Rio de Janeiro: Academia Brasileira de Letras/ Topbooks, 2001.

de força a que os fons chamavam *bo* (também se grafa *mbo*) e que deu o nosso "ebó", que leia e veja o que Melville J. Herskovits pôs no capítulo que dedicou ao assunto no seu livro clássico sobre o Daomé.[58]

O sumo sacerdote a que se refere Oliveira Mendes era provavelmente o *agasunon*, responsável pelo culto a Agassu. Usava ele, como os outros bem situados na vida, um pano longo e largo jogado sobre o ombro esquerdo e enrolado por baixo do braço direito, que deixava livre, e, por baixo dessa espécie de toga romana, vestia um camisão de mangas largas e uma espécie de ceroulas frouxas. O que não fica claro no texto é que o *agasunon* era a única pessoa em todo o Daomé que, além do rei (dadá ou *ahosu*), podia andar calçada e que, ademais, tinha precedência ritual em relação ao soberano.[59] Tanto assim, que, na presença do agasunon, o rei devia tirar as sandálias e prosternar-se.[60]

Após referir-se aos outros sacerdotes como voduns, em vez de *vodunons*, à reclusão dos que se iniciavam no convívio com os deuses e às oferendas sangrentas que que estes recebiam, Oliveira Mendes detém-se nos chamados "costumes" (*huetanu* ou *xuetanu*), que, em homenagem aos antepassados reais, deviam realizar-se todos os anos, na ampla praça triangular, Singboji, defronte ao palácio de Abomé ("Bomé" no texto). Grande exibição de riqueza e poder, a festividade estendia-se por vários dias, com o sacrifício de uma enorme quantidade de prisioneiros de guerra, escravos e animais. Como nos mostra Oliveira Mendes, durante os "costumes", o rei recebia presentes dos seus súditos e distribuía aos grandes dignitários bens de valor, inclusive escravos, e à multidão, tecidos, artigos de cobre, bebidas e búzios. Não há, contudo, menção, na literatura sobre o antigo Daomé, de que se alternassem anualmente

---

58 *Dahomey*, p. 256-288.
59 Bay, *Wives of the Leopard*, p. 74.
60 Burton, *Mission to Gelele*, p. 206; Maurice Ahanhanzo Glélé, *Le Danxome: Du pouvoir aja à la nation fon*, Paris: Nubia, 1974, p. 66.

os sacrifícios humanos e os sacrifícios de gado: animais e pessoas eram imoladas em todos os *huetanus*.

No parágrafo em que trata de outras grandes cerimônias — como quando se procedia ao sepultamento definitivo de um rei e à instalação de seu sucessor (os chamados "grandes costumes"), quando se celebrava o soberano falecido e quando se lhe mandava recado —, lê-se claramente que eram "festividades com exceção dos sacrifícios". Julgo que aqui o copista ou o próprio autor (caso seja de sua mão o manuscrito) descuidou-se e escreveu "exceção" em vez de "execução", pois em todas essas ocasiões havia oferendas humanas. O próprio Oliveira Mendes, um pouco adiante, nos contará como, no caso de desejar o rei enviar uma mensagem a seu antecessor, ele a cochichava ao ouvido de quem, logo em seguida, mandava decapitar.

Escrevendo seis décadas mais tarde, Richard Burton afirmou que o casamento no Daomé era bastante complicado, mas não nos diz por que motivos, restringindo-se a fazer dele um esboço semelhante ao de Oliveira Mendes. Passado meio século, Le Hérissé[61] e, vinte anos depois dele, Herskovits[62] nos revelariam quão complexa era, na época em que a estudaram e, possivelmente, também antes, a instituição do casamento entre os daomeanos. O antropólogo norte-americano contou 13 formas de matrimônio, ressaltando, porém, que, em quase todas, o casamento era um assunto entre linhagens e que os chefes de família ajustavam os matrimônios, ainda que com a aquiescência, ao que parece, dos que viriam a ser noivos. Se era um contrato, como registrou Oliveira Mendes, estava, no entanto, ao contrário do que ele escreveu, cercado de ritos religiosos. Desde o início, pela consulta a Fá sobre a compatibilidade do casal. No tipo de casamento, o *akwenusi*, descrito pelo nosso autor,

---

61 *L'Ancien Royaume de Dahomey*, p. 203-211.
62 *Dahomey*, p. 301-33.

podia ser demorado o noivado e cheio de obrigações para o nubente: este, deveria prestar certos serviços ao futuro sogro e compensar economicamente a família, com dinheiro e presentes, pela cedência da moça. E a noiva só era levada para a casa do marido, depois de uma série de cerimônias religiosas, entre as quais se incluíam sacrifícios ao *tohuio* do clã da jovem e ao vodum a que ela pertencia, uma nova consulta a Fá e uma benção pela anciã responsável pelo culto dos ancestrais familiares. Na manhã seguinte, havia outro rito: na presença dos parentes dos dois lados, o marido dava à esposa um novo nome.

Embora tivesse, da perspectiva do homem, sido obtida por "compra", a mulher não se encontrava na completa dependência do esposo, pois continuava protegida por sua família. É bem verdade que os filhos, em quase todas as formas de matrimônio, eram incorporados à linhagem do marido, mas este não podia deles dispor a seu bel-prazer nem, muito menos, vendê-los. O adultério e o seu castigo eram assuntos a ser tratados pelos chefes de linhagens. E, ao contrário do que recolheu Oliveira Mendes, cabia à mulher a iniciativa do divórcio. Um homem não podia repudiar uma de suas esposas: quando insatisfeito, maltratava-a e a agredia, até que ela se decidisse separar-se dele.

Oliveira Mendes esteve atento ao papel econômico da mulher casada. Não se reduzia ela, como escreveu Burton, a uma posição quase servil,[63] mas ajudava decisivamente no sustento da família. Os seus ganhos nas atividades a que se dedicava (no cultivo de sua roça pessoal, como vendedora de comida ou oleira, por exemplo) não eram, contudo, controlados nem herdados pelos maridos.[64] Possuíam elas patrimônio próprio e, em alguns casos, maior do que o dos seus homens.

---

63 *A Mission to Gelele*, p. 304-5.
64 Herskovits, *Dahomey*, p. 337; Bay, *Wives of the Leopard*, p. 15.

Ao gizar as instituições políticas do Daomé, Oliveira Mendes não discrepa dos autores que escreveram sobre aquele reino, antes e logo depois dele: quase todos apresentam o princípio da primogenitura como regra na sucessão real, ainda que a força armada determinasse, em última análise, se a regra se cumpria ou era posta de lado.[65] Não perceberam eles que já seria praxe — afirmam as tradições que desde Huedgbadja (Ouegbaja ou Wegbaja)[66] e, portanto, da metade do século XVII — o rei escolher, entre os seus filhos, o herdeiro ou *vidaxó* (ou *vidaho*), que podia ser ou não o mais velho. É possível até que tenham traduzido *vidaxó*, que significa o "grande filho", por primogênito.[67]

Oliveira Mendes tinha um exemplo recente de como podiam ser violentas as sucessões em Abomé. Do mesmo modo que o padre Vicente Ferreira Pires, ele atribui o assassinato de Agonglo ao interesse que este manifestara de se converter ao catolicismo, motivo que um historiador de nossos dias, I. A. Akinjobin, não hesita em colocar entre as razões que determinaram a conjura contra o rei.[68]

Os dois parágrafos seguintes são do maior interesse. Primeiro, porque o nosso autor é mais preciso do que o padre Ferreira Pires, ao indicar, não apenas que o primogênito, Anibabel, fora excluído da sucessão por "ser aleijado de um pé",[69] mas qual a natureza desse defeito: tinha um dedo acavalado, "levantado e revirado para cima", pormenor que também seria mencionado, posteriormente, por John M'Leod.[70] Segundo, por

---

65 Norris, *Memoirs*, p. 4-5; Dalzel, *The History of Dahomy*, p. 7; Pires, *Viagem de África*, p. 77; M'Leod, *A Voyage to Africa*, p. 39; Forbes, *Dahomey*, vol. I, p. 27; e, já no início do século XX, Le Hérisée, *L'Ancien Royaume*, p. 7.
66 Glélé, *Le Danxomé*, p. 87.
67 Como aventa Edna G. Bay, *Wifes of the Leopard*, p. 85.
68 *Dahomey and its Neighbours, 1708-1818*, Cambridge: Cambridge University Press, 1967, p. 185-6.
69 *Viagem de África*, p. 77-8.
70 *A Voyage to Africa*, p. 39-40.

nos revelar que o irmão rebelde, Dogan, que tentara empolgar o poder, morreu queimado dentro da casa onde se refugiara.

Oliveira Mendes estava bem informado sobre os palácios do rei, embora esses fossem provavelmente mais de quatro — o rei Agaja tinha sete, conforme ele próprio declarou na carta que teria ditado a Jorge I da Inglaterra[71] e cada um deles pudesse ter mais de duas ou três portas. Apresenta-nos Cana, Calamina ou Calmina como a residência habitual do dadá — e há indícios de que então fosse a sua verdadeira capital política[72] —, mas deixa claro que Abomé era o grande centro ritual, onde estavam os túmulos dos soberanos, e, ao dizer que estes eram aclamados em Aladá, fazia eco ao fato de que, senhor do poder, um novo rei devia deslocar-se até aquela cidade, a fim de cumprir os ritos de entronização.[73]

O palácio era um mundo feminino, onde se tinham por exceções o rei e alguns eunucos. O serralho era, portanto, a essência dele. Oliveira Mendes anota com justeza que, no meio daquelas que lá viviam, figuravam as esposas sobreviventes dos soberanos anteriores, que se tornavam mulheres do novo rei. Confunde, porém, com uma cônjuge do rei a figura da *kpojito* ou "rainha-mãe", que era escolhida pelo novo dadá entre as esposas de seu pai ou antecessor, para com ele dividir simbolicamente o poder.

Num texto quase sempre conciso, chega à beira das minúcias a sua descrição, numa nota de pé de página, de como os daomeanos construíam as suas casas, de como era a técnica de sopapo e de como tornavam mais

---

[71] Robin Law, "Further Light on Bulfinch Lamb and the 'Emperor of Pawpaw': King Agaja of Dahomey's Letter to King Geoge I of England, 1726", *History in Africa*, vol. 17 (1990), p. 217.
[72] Norris, *Memoirs*, p. 16, 83 e 92; Dalzel, *The History of Dahomey*, p. XX; Pires, *Viagem de África*, p. 45; Bay, *Wives of the Leopard*, p. 117-8.
[73] Como mostrou Robin Law, *The Kingdom of Allada*, Leiden: Research School CNWS / School of Asian, African, and Amerindian Studies, 1997, p. 123-4.

sólido o barro, adicionando-lhe, reduzida a farelo, a matéria dos termiteiros. Desse modo, podiam fazer casas assobradadas.

Noutras notas de pé de página, Oliveira Mendes nos descreve os tipos de leito usados na terra, os suplícios que sofriam as mulheres adúlteras do rei e nos conta que membros da linhagem real, vencidos em conflito, eram vendidos como escravos ao Brasil e que, no Brasil, alguns deles se arrogavam — a informação é importante — a condição de príncipes.

A descrição do sepultamento do rei não diverge de outras que conhecemos, exceto quanto aos acompanhantes do dadá em seu túmulo. Oliveira Mendes os reduz a quatro e chega até a suspeitar que esses dignitários não seriam sepultados com o morto. O padre Ferreira Pires conta, certos, cinquenta homens e oitenta mulheres, e enterra muito mais gente com o rei.[74]

Tampouco se afasta de outros relatos o que nos faz Oliveira Mendes de como o rei dispunha dos cativos obtidos na guerra. E coincide com o que sabemos a sua relação de altos funcionários do estado daomeano. O seu *mezé* é o *meú*; o seu *mingá*, o *mingan*; o *avogá*, o *yovogan*; e o *cacao*, o *kakao*. Os seus embaixadores aparecem como os conhecemos, com a metade da cabeça raspada e a carregar o bastão de recado (ou *récade*) do rei, para dar fé de que são deste as palavras que saem de suas bocas. Como o nosso autor lhes chama *larins*, eles chegam até nós, em seu texto, com o nome que tinham em Oió, *ilari*, ou com o derivado em fon, *lali*, em vez de *leguedé* (ou *legede*), como eram conhecidos esses mensageiros e espiões no Daomé.

No Daomé não havia nobreza hereditária, informa com razão o nosso autor. A única aristocracia era a linhagem real, quase sempre afastada do poder. A sociedade e o estado daomeanos eram meritocráticos. Qualquer pessoa, por seus serviços, podia tornar-se um cabeceira, ser

---

74 *Viagem*, p. 74-5.

alçado aos mais altos cargos e deles cair de um momento para outro. Oliveira Mendes atribui, aliás, à previsibilidade da recompensa e à certeza do castigo o ambiente de segurança que prevalecia no Daomé e que foi motivo de surpresa para tantos europeus: não só as casas não necessitavam de trancas, como se podia viajar com segurança de uma aldeia a outra.

O nosso baiano detém-se ainda sobre as comidas, sobre as enfermidades próprias da terra e seu tratamento. Especialmente curiosa é a nota sobre o verme-da-guiné e sobre o bicho-de-pé, provavelmente levado do Brasil para a África. Chama aos curandeiros "bocós" e, se leio bem, deu ao médico tradicional o nome do sacerdote ou adivinho de Fá, o *boconon*.

Algumas vezes, portanto, informou certo com a palavra errada. Ao tratar da moeda corrente no Daomé, afirma com razão que era o búzio e lhe dá como sinônimo zimbo, o que seria válido para o Congo e Angola, mas não para o Daomé e os outros reinos e cidades-estado da África Ocidental. No Daomé, a concha que servia de moeda era o cauri, sobretudo a espécie *Cypraea moneta* das Maldivas. O zimbo (ou, em quicongo, *nzimbu*) era um outro molusco, *Olivella nana*, abundante principalmente na ilha de Luanda, mas também existente nos litorais do sul da Bahia.

Era muito reduzido o valor de um cauri. Por isso, utilizavam-no, depois de perfurado, em enfiadas de quarenta unidades ou "toques", como consta do texto de Oliveira Mendes. As suas "galinhas" são também formadas por cinco toques ou duzentas conchas. Mas compõem a sua "cabeça" somente cinco galinhas ou mil búzios, em vez das dez galinhas da cabeça pequena e das vinte da cabeça grande dos demais autores, uma relação de valor que parece ter sido constante durante quatro séculos.[75]

---

[75] Jan Hogendorn e Marion Johnson, *The Shell Money of the Slave Trade*, Cambridge: Cambridge University Press, 1986; Robin Law, *The Slave Coast of West Africa, 1550-1750: The Impact of the Atlantic Slave Trade on an African Society*, Oxford: Clarendon Press, 1991, p. 49, nota 93.

Na *Memória* de que cuidamos leio que as filhas dos reis eram chamadas Cofiz. Assim ouviu Oliveira Mendes o que saiu da boca de seus informantes: *ahovi*, que significa filha do rei, ou, penso melhor, *ahosi*, esposa do rei, pois o resto do parágrafo me encaminha para essa interpretação. As princesas daomeanas não se mantinham virgens; não só se casavam, mas desfrutavam de ampla liberdade sexual, podendo escolher e descartar os seus parceiros. Quando deles tinham filhos, estes lhe pertenciam e à sua linhagem e não, como de regra na sociedade daomeana, à estirpe paterna. Já aos milhares de mulheres que viviam no palácio e que recebiam o nome de *ahosi*, e mesmo àquelas, as mais numerosas, que eram apenas servidoras e jamais partilharam o leito do dadá, vedava-se, sob pena de morte, qualquer envolvimento amoroso, exceto com o rei. Era para serem *ahosis* que os cabeceiras e os homens ricos ofereciam as suas filhas. Mas as princesas ou *ahovis* tinham, sim, como entendeu Oliveira Mendes, uma mulher, escolhida dentre elas, que as governava. O seu título, porém, não era *vodúnsi*, embora pudesse também tê-lo, por ser filha de santo. Chamavam-na na *daho*, "a grande princesa", e dirimia as disputas entre príncipes e princesas e supervisionava os matrimônios destas últimas.[76]

Ao pôr o ponto final no último parágrafo, fico com o sentimento de que se me impunha reler mais uma vez a *Memória* sobre o Daomé escrita por Oliveira Mendes. Ainda haveria muito o que ressaltar ou comentar, sem esquecer jamais que ele a compôs com o que fragmentariamente lhe contaram. Repito que nunca foi ao Daomé e há muitos anos morava em Lisboa, longe de sua pátria. Em alguns casos, os seus informantes, para se fazerem melhor entendidos, usaram palavras de curso comum no Brasil, muitas das quais ele já conhecia, pois as empregou na sua *Me-*

---

76 Bay, *Wives of the Leopard*, p. 52-3.

mória de 1793 sobre as enfermidades africanas. Em outros momentos, fossem elas fons ou não, escreveu-as como soube e pôde em português. Tiveram dificuldades semelhantes para representar as sonoridades fons em escrita inglesa e francesa os que antes e depois dele relataram o que viram e viveram no Daomé, e tanto assim que só raramente coincidem na grafia. Alguém me perdoará, por isso, o não ter conseguido colocar no mapa o palácio de Géná, nem ter sabido mais do que nos diz Oliveira Mendes sobre os *tanglitós* e o *gampé*, e me esclarecerá se a palavra "gambarra", no fim do século XVII, também se aplicava a um tipo de traje. Um dos brasileirismos mais evidentes do nosso baiano exilado em Lisboa foi, porém, na nota de pé de página em que enumera os instrumentos musicais africanos, ter entre eles incluído o pandeiro. Este, pelo que sei, não era então usado naquela parte da África, onde teria sido introduzido pelos ex-escravos retornados do Brasil.

O REI, O PAI E A MORTE

O mundo dos deuses parece imutável. E imutáveis, os ritos que aceitam para dialogar com os homens. Esse livro de Luís Nicolau Parés, *O rei, o pai e a morte,* nos oferece, no entanto, outros enredos: os de deuses que não estiveram sempre conosco; que se foram lentamente revelando ou nos tomaram de surpresa; que consentiram em ser furtados dos vizinhos ou ser deles arrebatados pela violência; que se deixaram criar ou fortalecer com nossas preces e oferendas; que inauguraram o nosso sangue no mito e no tempo. Em suas páginas, conta-se como devoções e liturgias, muitas das quais pareciam desenhadas para sempre, mudaram de forma, endereço ou significado, ao compasso das gerações, nesse universo complexo, flexível, dinâmico e aberto às influências externas, o dos africanos falantes dos idiomas do grupo *gbe* que compartilham a fé nos voduns.

Nesse livro, lê-se uma história das crenças e práticas religiosas desses povos e de como elas moldaram as suas instituições e comportamentos políticos e foram usadas, e até mesmo alteradas, para santificar a concentração do poder e o despotismo dos reis. Quem a escreveu dedica-se há muitos anos, com carinho, afinco e zelo, ao estudo da religião e dos modos de vida desses povos que, no Brasil, tomaram o nome genérico de jejes e que compreendem, além de outros, os fons, guns, mahis, hulas, huedás, popôs, evés, aizos, agolins e savalus. Sobre eles, neste lado do Atlântico — onde chegaram a ser, no século XVIII, entre um terço e metade da população africana de Salvador e do Recôncavo Baiano —, Parés já nos dera um outro livro de leitura indispensável: *A formação do candomblé: história e ritual da nação jeje na Bahia*. Nessa sua nova obra, mudamos de mapa, pois ela se passa predominantemente no golfo do Benim, tendo por principais focos de ação os antigos reinos de Aladá, Uidá e Daomé.

Tanto já se escreveu sobre esse último, mostrando dele em diferentes momentos diferentes retratos, e sobre a sua história, a partir de tradições muitas vezes discordantes, que se poderia considerar uma temeridade voltar ao tema. Parés o faz com bravura e firmeza e nos entrega um trabalho sobre a fé e o poder no Daomé, único, por seu escopo, peso e abrangência, em língua portuguesa.

Desde as primeiras páginas, esse livro fascina o leitor. E não só pelos vários enredos que nele se entretecem, mas também pela concisão e pela clareza com que os recita. Parés gasta pouco para dizer muito. Não precisa mais do que algumas frases para reconstruir com detalhes expressivos um cenário apenas sugerido em suas fontes, ou para expor uma hipótese ou contrariar outra. A economia de meios não o impede, quando necessário, de ser minucioso, nem enfraquece os seus relatos ou argumentos; pelo contrário, os aguça. E assim, com afetuoso cuidado, ele nos leva, de página em página, a percorrer o trajeto que vai da veneração aos antepassados da família, da linhagem ou do clã, que encontramos entre os diversos povos de idioma *gbe*, até o culto aos falecidos reis do Daomé, que, como voduns, eram adorados em cerimônias político-religiosas — os famosos Costumes — que podiam tomar boa parte do ano e eram consideradas o mais importante acontecimento do reino. Parés nos ensina como, ao deificar os soberanos anteriores e prestar-lhe, assim como a outros voduns da linhagem real, os ritos mais significativos, se tornava ainda mais poderoso um monarca poderoso, pois, depois de investido como um rei sagrado, qualquer ato contra ele, ademais de um sacrilégio, se tinha, teoricamente, como fadado ao malogro. Isso não impedia as sangrentas disputas pelo palácio, quando da morte de um rei, nem sua deposição por um golpe de estado. De um desses embates temos ressonância ou continuidade neste lado do Atlântico, com a fundação da Casa das Minas, em São Luís do Maranhão, onde são objeto de devoção os voduns da família real do Daomé.

A construção de um reino ferozmente centralizado, onde tudo — simplifiquemos — pertencia, em princípio, ao soberano, e dos rituais da religião de Estado a que servia e da qual se servia, é contada e analisada neste livro com tamanha riqueza de tons, dentro dos limites do que consentia o segredo do convento e do palácio, que qualquer resumo ou comentário o empobrece. Não me atrevo a mais do que a louvá-lo. Em voz alta.

Embora se aplicasse a todas as sociedades humanas, este livro poderia ter por epígrafe o que um daomeano disse, por volta de 1930, a Melville J. Herskovits: "A vida no Daomé está baseada na história, e é a história que governa o país." E não só a história dos homens — arrisca Luis Nicolau Parés. Também a dos deuses, quando a descobrem os homens.

O ESCRAVO NOS ANÚNCIOS DE JORNAL

Esse livro, *O escravo nos anúncios de jornais brasileiros do século XIX*, editado pela primeira vez em 1961, começou a ser escrito logo depois ou um pouco antes do aparecimento, em fins de 1933, de *Casa grande & senzala*. Teve primeiro a forma de uma conferência, "O escravo nos anúncios de jornal do tempo do Império", feita no Rio de Janeiro, na Sociedade Felipe d'Oliveira, e publicada em número de 1934 da revista *Lanterna verde*. A essa conferência seguiu-se, logo depois, uma comunicação, "Deformação de corpo dos negros fugidos", lida no 1.º Congresso Afro-Brasileiro do Recife e incluída nos *Novos estudos afro-brasileiros*, livro no qual se recolheram, em 1937, os trabalhos apresentados àquele encontro.

Destaco as datas para ressaltar o caráter pioneiro desses ensaios de Gilberto Freyre. Ainda que Joaquim Nabuco, numa página de *O abolicionismo*, se tivesse servido dos anúncios de escravos nos jornais para atacar o regime escravista, ninguém, no Brasil, havia, até então, debruçado-se sobre eles como fonte histórica. Nem no Brasil, nem, de forma persistente e metódica, nos Estados Unidos ou na Europa. Ao folhear jornais do século XIX, Gilberto não demorou em compreender o que hoje nos parece evidente, mas passava despercebido: naqueles anúncios se tinham excelentes esboços de retratos de escravos, nos quais, à descrição das aparências físicas, dos temperamentos, das habilidades e das maneiras de vestir, se somavam pistas preciosas sobre as violências que sofriam. Ao contrário do que se passava com os artigos de fundo, os sueltos e até mesmo o noticiário, nos quais o escravo era desenhado conforme os interesses, a emoção e o pensamento de abolicionistas ou escravocratas, os anúncios eram quase sempre objetivos e frios. Sobretudo quando se referiam a escravos fugidos. Já os que os ofereciam à venda, troca ou aluguel não podiam deixar de lhes ressaltar as qualidades — o que também tem importância, porque ficamos sabendo o que os senhores mais apreciavam.

Entre a conferência na Sociedade Felipe d'Oliveira e a publicação de *O escravo nos anúncios de jornais brasileiros do século XIX*, transcorreram 28 anos. Suspeito que Gilberto Freyre tenha ambicionado aprofundar, numa obra mais ampla, o exame dos anúncios de jornal, dos quais já retirara informações preciosas. Em algum momento, ele desistiu de escrevê-la, até porque utilizou largamente em *Sobrados e mucambos* parte do material que recolhera — e não só os anúncios de escravos, mas também os de casas para venda e aluguel, de procura de empregos e de oferta de tecidos, chapéus, sapatos, móveis, espelhos, porcelanas, louças, pianos, medicamentos, cartas de jogar, doces, bebidas, pentes de marfim, leques de madrepérola e vestidos de noiva — para descrever os comportamentos prevalecentes nos meios urbanos e mostrar como, no Oitocentos, o Rio de Janeiro foi perdendo a sua aparência de cidade talvez mais africana e asiática, e se europeizando à inglesa e à francesa.

O que me parece claro é que Gilberto Freyre não considerava *O escravo nos anúncios de jornais* um livro acabado: tinha-o por um conjunto de notas, como afirmou várias vezes em suas páginas. Notas interessantíssimas, instigantes e seminais que mereciam ser difundidas entre um público mais amplo. Pois Gilberto Freyre era assim: gostava de semear ideias, de pôr sobre a mesa, ainda em botão, muitas de suas pesquisas, quase a pedir-nos que continuássemos a desenvolvê-las. Tinha pressa em divulgar as suas intuições e os seus achados: não os guardava em segredo. Nas suas obras, muitas vezes um parágrafo ou até uma curta frase nos ilumina e desafia.

Sei disso por experiência própria. Numa das conferências que reuniu, em 1940, em *O mundo que o português criou*, Gilberto se refere ao trabalho perdido de um pesquisador brasileiro — quero crer que ele próprio —, acompanhado por desenhos de Cícero Dias, no qual se "tentara identificar a predominância de certas culturas africanas no Brasil, através de diferentes estilos de turbantes das mulatas". Desde que li essas palavras há muitos anos, dou especial atenção a tudo que encontro em textos e gravuras antigas sobre o uso de turbantes pelas mulheres na África, principalmente na África Atlântica. Quanto mais material conheço, mais inseguro me sinto sobre o assunto. E não só sobre a origem do costume, mas até mesmo sobre como, no século XIX, a moda do turbante se impôs e deslocou, em algumas regiões do continente africano, os elaborados penteados em tranças. Assumo o risco de dizer, contudo, que a difusão do turbante feminino muito deveu às nharas, nhanhas, senoras, sinhares ou donas da África Ocidental — aquelas africanas que se uniam a portugueses e a outros europeus, e suas filhas mestiças. Tinham dinheiro e prestígio — até mesmo político, em muitos casos — e, desde o início do Seiscentos, usando turbante e vestidas de modo diferente das demais mulheres da terra, ou seja, de saia rodada e blusa com mangas e decote, nos acenam das portas de suas casas que se distinguiam das outras habitações locais porque tinham janelas e eram pintadas de branco.

No seu texto, Gilberto Freyre não falava de turbantes das negras, mas, sim, das mulatas — embora as negras também os usassem. Apontava, portanto, penso eu, para a ideia de que o uso do turbante feminino já poderia ter vindo da África para o Brasil, e também para as Caraíbas e o sul dos Estados Unidos — se é que algumas vezes não fez o percurso contrário ou andou de uma praia para outra do oceano —, como um produto da crioulização, do casamento de culturas que se processou, ao longo de quatro séculos nas margens africanas e americanas do Atlântico.

Mais do que nos turbantes, Gilberto Freyre estava, contudo, interessado, e muito, na origem dos africanos trazidos para o Brasil, antecipando-se assim em mais de meio século a uma das prioridades da historiografia brasileira, e também do resto do continente, empenhada, hoje em dia, em identificar as áreas e os povos da África que mais contribuíram para ocupar e desenvolver as diferentes regiões das Américas. O que se quer saber é a que grupos étnicos, por exemplo, pertenciam os homens e as mulheres levados à força de Cacheu para São Luiz do Maranhão, e de que povos foram arrancados os cativos que se embarcaram em Luanda e que no Brasil receberam o nome genérico de angolas.

Para Gilberto Freyre, seria possível, por meio dos anúncios de jornal, identificar a região ou o povo de origem de, ao menos, alguns dos escravos que se queriam recuperar ou vender. Para isso, era preciso dar atenção, primeiro que tudo, às marcas ditas tribais existentes no rosto ou na testa dos africanos.

Pensava ele que essas marcas eram gravadas a ferro em brasa, de modo semelhante, portanto, aos carimbos com que, nos portos de embarque no outro lado do Atlântico, se estampavam os ombros ou o colo dos cativos para indicar seus proprietários. Quase sempre, porém, os sinais de nação se faziam, na África, a faca ou com outro instrumento cortante. Eram incisões que podiam ser rasas ou profundas e ter significados diferentes de povo para povo. Aqui, elas identificavam toda uma etnia. Acolá, indicariam a pertença a um estado ou um grupo político. Mais adiante, diferençavam, dentro da mesma sociedade, os nobres dos plebeus ou os homens livres dos escravos. Havia povos com mais de uma escarificação tradicional. Noutros, certas famílias aristocratas, ou somente as de sangue real, tinham direito a incisões especiais. E algumas dessas marcas se repetiam ou eram quase iguais em povos diferentes. Assim, por exemplo, uma das várias marcas dos oiós, conhecida como *pele* — três cortes verticais nas faces, fundos e longos —, nem sempre se distingue das usadas pelos egbas, ijebus e alguns outros povos, ainda que pudesse haver variação na profundidade e no tamanho dos sulcos. Apesar disso, tal como nos indicou Gilberto Freyre, elas constituem, desde que lidas com cuidado e associadas a outros traços, um precioso elemento de identificação grupal dos indivíduos que as possuíam ou possuem. A dificuldade de determinar, a partir dos anúncios de jornal, qual a origem de um escravo, decorria do fato de faltar em quase todos eles a descrição, ainda que imprecisa, dessas marcas. Restringem-se a dizer que o fugitivo tinha cortados no rosto ou na testa "sinais tribais".

Quanto às escarificações corporais das mulheres — sobretudo nas costas, no colo, no punho, no antebraço, em torno do umbigo, nas coxas e na barriga da perna — embora pudessem apresentar desenhos tradicionais ou característicos de determinados grupos, tinham sobretudo objetivos estéticos e eróticos. Seus modelos podiam migrar de uma comunidade para outra e variar com a moda. Sarjada a pele, esfregavam-se sobre as incisões ou os furos determinadas substâncias vegetais para provocar queloides ou cicatrizações protuberantes. Era um modo de enfeitar o corpo e aumentar a atração das mulheres. Os homens apreciavam acariciar esses calombos e ranhuras, que muitas vezes eram tão delicados e elaborados que davam a impressão de renda. Nos anúncios de jornais analisados por Gilberto Freyre, só há referências a escarificações nas costas, talvez porque fossem mais fáceis de serem notadas do que as no ventre ou nas coxas, e sempre em mulheres africanas, o que nos faz supor que estas não submetiam as filhas nascidas no Brasil a esse tipo doloroso de embelezamento.

Outro elemento de identificação de origem era a dentadura dos escravos, pois havia povos que extraíam por motivos rituais ou estéticos dois dos incisivos, e outros que limavam os dentes para torná-los pontudos. Nos anúncios de jornal, havia não só referências à falta de incisivos e a dentes agudos, mas também a bocas desdentadas ou cheias de cáries. Ao que parece, as dores de dentes afligiam não só os crioulos, ou nascidos no Brasil, mas também os africanos, que em sua terra natal praticamente não sabiam o que fossem. Na África, era raro o adulto sem dentadura limpa e perfeita. No Brasil, muitos deles aprenderam a gostar de doces — os doces que não conheciam antes da chegada a este lado do oceano — e o excesso de açúcar fez os seus estragos.

Os anúncios de jornais revelavam a mudança dos hábitos alimentares e a gula dos africanos. E como os escravizados se vestiam. E como se comportavam. E os seus defeitos, que algumas vezes só eram defeitos aos olhos do senhor. E as suas habilidades profissionais, como as daquele escravo que era exímio músico — tocava piano e marimba — e também cocheiro e alfaiate Mais do que qualquer outra cousa, os anúncios mostram, porém, sem o menor disfarce, a crueldade a que estavam sujeitos. Pois neles, os escravos fugidos eram muitas vezes descritos pelos sinais dos maus-tratos e castigos que sofriam. E também — como acentua Gilberto Freyre — pelas deformações decorrentes de excesso de trabalho, das condições anti-higiênicas de vida e da má alimentação. O dono não tinha pejo em identificar o escravo por marcas de ferro em brasa e por sinais de tortura, como feias cicatrizes de relho, de correntes no pescoço e de ferros nos pés. Este infeliz tinha os "quartos arriados"; este outro se apresentava "rendido", isto é, com hérnia, ou com veias estouradas; aquele com apostemas pelo corpo. Num anúncio, um senhor reclama que lhe escapou "um escravo com o olho vazado"; noutro, o desditoso tinha os artelhos comidos; em outros, faltavam ao fugitivo os dedos da mão, a mão inteira ou um pedaço do braço. A descrição de alguns deles deixa perceber que eram raquíticos e depauperados, como resultado da viagem no navio negreiro, do duríssimo regime de trabalho, da alimentação deficiente e da "dormida no chão, em senzalas úmidas e fechadas". Ou no piso de tijolo das cozinhas. Ou nos vãos das escadas. E Gilberto Freyre conclui: quase todos eram aleijados ou enfermiços, não tanto por doenças trazidas da África, mas por "causas nitidamente sociais e brasileiras".

Embora, ao que tudo indica, Gilberto não conhecesse então a *Memória sobre o tráfico de escravos entre a Costa da África e o Brasil*, de Luís Antônio de Oliveira Mendes — só retirada do esquecimento por António Carreira em 1969 —, sabia perfeitamente — e isto deixa claro no último parágrafo de *Casa-grande & senzala* — que muitos africanos já embarcavam doentes nos navios negreiros, desnutridos, maleitosos, atacados pelo verme da guiné, sofrendo de maculo ou de ainhum, infectados pela xistossomose ou pela cegueira dos rios. O que, contudo, mais reclamou seu interesse nos anúncios de jornal foram as deformações e as enfermidades causadas pela escravidão.

O que grita nesses anúncios é que os escravos fugiam do trabalho desumano, sem hora e sem pausa, e da crueldade e do sadismo dos senhores. Somando-se os seus textos, o resultado é um pesadelo. Um pesadelo que se opõe à tese gilbertiana de ter sido de certo modo benigna a escravidão no Brasil, quando comparada a outras escravidões. Uma escravidão semelhante ao que ele e outros estudiosos europeus e norte-americanos seus contemporâneos imaginavam que fosse — e só raramente foi — o regime servil entre os muçulmanos. O próprio Gilberto parece reconhecer o desacordo, ao afirmar, no prefácio, de 1978, à segunda edição desse livro, que "a benignidade nas relações dos senhores com escravos, no Brasil patriarcal, não é para ser admitida, é claro, senão em termos relativos", pois "senhor é sempre senhor". E, no longo texto que se segue, mais antigo, a introdução de 1961, refere-se aos escravos como "nem sempre, no Brasil, maltratados", o que faz do mau trato a regra.

Houve, é certo, senhores que se portavam com os escravos com brandura, e não faltaram casos de confiança mútua, companheirismo ou amizade. Entre senhor e escrava, conhecemos histórias de relações amorosas estáveis e duradouras. Mas estamos, creio eu, diante de exceções, e mesmo assim condicionadas por uma violência fundamental: um era propriedade alienável do outro e estava, por isso, sob seu quase absoluto domínio. Desgostado com o escravo e enfastiado da amante escrava, o dono podia afastá-los facilmente de seu convívio e até de sua vista, vendendo-os.

Alguns dos anúncios de escravos postos à venda podiam, aliás, como alerta Gilberto Freyre, esconder dramas domésticos, confianças traídas, amizades fanadas e amores findos. Bem como apontar para a decadência econômica do anunciante, pois o escravo era, em geral, o último bem de que o dono se desfazia, antes do mergulho na pobreza.

Ninguém estranhava que, ao lado de um anúncio de venda, figurasse um outro em que se propunha a troca, por exemplo, de uma escrava modista por uma boa cozinheira. Ou por outro bem de valor igual. E não eram incomuns os anúncios com pedido de empréstimo, oferecendo-se um ou mais escravos como penhor ou hipoteca. O escravo como garantia financeira e, consequentemente, como poupança para ser utilizada nos momentos difíceis ou na velhice, é assunto que ainda não mereceu a atenção dos historiadores, embora levantado, há mais de meio século, por Gilberto Freyre. E nesse livro. Num simples parágrafo, mas que desata no leitor a curiosidade por mais.

E assim se dá com outras instigações que dele constam, como é o caso da sugestão, em duas ou três passagens, de que tenham sido trazidos para o Brasil cativos coissãs, uma vez que em vários anúncios se descrevem mulheres baixas, com esteatopigia — nádegas grandes, gordas e "empinadas para trás". O tema continua a pedir estudo, não sendo improvável que tenham sido postos nos navios negreiros em Benguela alguns poucos bosquímanos e hotentotes capturados no extremo sul de Angola, onde viviam em bolsões entre povos de línguas bantas.

Envolvido por tantas novas ideias que mais parecem convites para que se aprofundem as investigações, ao leitor não escapará, no entanto, que os retratos desenhados pelos anúncios de jornal são quase todos de escravos urbanos, na maioria domésticos, embora alguns poucos pudessem trabalhar em chácaras ou roças nas fímbrias das cidades. Desses anúncios estão praticamente ausentes os escravos que escapavam dos engenhos de açúcar, das plantações de café e do sol forte do eito e ganhavam o mato, onde não havia leitores de jornal. E forçoso é não esquecer que a grande maioria da massa cativa se compunha de escravos rurais.

Uma das tentações que me tomaram, quando li pela primeira vez esse livro, foi a de voltar às coleções de jornais compulsadas por Gilberto Freyre e dispor os anúncios em ordem cronológica, a fim de verificar nos seus textos, no correr do século, as mudanças no tom de linguagem, nas ênfases e nas recompensas. Confesso que esperaria, por exemplo, que, à medida que avançassem as datas e se distanciassem de 1830, quando o tráfico negreiro foi proibido no país (ainda que só para inglês ver), se tornassem cada vez menos frequentes os cortes no rosto entre os sinais que podiam identificar um escravo fugido, pois, ao indicar a condição de africano, levantaria a suspeita de que tivesse sido importado ilegalmente e tivesse, por isso, direito à liberdade.

A repressão ao tráfico, primeiro pelos britânicos, desde a segunda década do século XIX, e, a partir de 1850, também pelo governo brasileiro, tornou cada vez mais cara a reposição de um escravo que se perdera por alforria, morte ou fuga. A cada ano, como o preço dos escravos subia aos saltos, o prejuízo era maior, o que talvez se reflita não só na redação, mas também no tamanho dos anúncios. É possível, ademais, que esses se tenham tornado menos frequentes no último terço do século, com o avanço do movimento abolicionista. Alguns jornais engajados na luta contra a escravidão se recusavam a publicá-los, e outros devem ter evitado fazê-lo, para não enfrentar a mudança da opinião pública, crescentemente contrária ao regime escravocrata.

A lição que nos veio de Apicucos ficou conosco. Para melhor entender a época em que foram escritos, lemos e relemos os anúncios de jornais, e os livros de receitas de nossas bisavós, e as dedicatórias nas fotografias antigas, e as inscrições nas velhas sepulturas, com o mesmo interesse e cuidado com que nos debruçamos sobre os livros de época e a documentação que se guarda nos arquivos públicos e nas igrejas. Com Gilberto Freyre aprendemos que só atentos ao que pode parecer trivial e pequenino poderemos tentar adivinhar e repetir na imaginação o dia a dia de uma casa com escravos e, nela, como era a vida de uma jovem Joana, nascida ijexá ou ganguela.

ESTRANGEIROS NO BRASIL, ESTRANGEIROS NA ÁFRICA

Suspeito ter sido Antônio Joaquim de Macedo Soares quem, no Brasil, primeiro escreveu demoradamente sobre as comunidades de brasileiros e abrasileirados na África Ocidental. Seu trabalho, "Portugal e Brasil na África: vestígios portugueses nas línguas do Ocidente e do Oriente da África. Colônias brasileiras na África Ocidental", foi publicado em 1942, no volume 177 da *Revista do Instituto Histórico e Geográfico Brasileiro*. Só o li quase seis décadas depois, mas estava preparado para o que iria encontrar em Lagos, quando ali cheguei, nos últimos dias de setembro de 1960. Isto graças às referências feitas por Nina Rodrigues em *Os africanos no Brasil*, aos brasileiros que viviam no golfo do Benim; por uma série de textos sobre o tema escritos por Gilberto Freyre, em 1951, para acompanhar fotografias de Pierre Verger, na revista *O Cruzeiro* (reelaborados em "Acontece que são baianos...", incluído em *Problemas brasileiros de antropologia*) e por um longo ensaio de J. F. de Almeida Prado, "A Bahia e as suas relações com o Daomé", que consta de seu livro *O Brasil e o colonialismo europeu*, de 1956. Sabia da existência do bairro brasileiro de Lagos — o *Brazilian Quarter* —, mas foi entre surpresa e espanto que atravessei a Campos Square e caminhei pelas ruas Tokunboh, Bangbose, Kakawa e Igbosere, onde se sucediam sobrados, moradas inteiras e meias-moradas que, se fossem cobertas por telhas de barro em vez de folhas de zinco, poderiam estar, com suas janelas com persianas, seus balcões em ferro fundido e suas pinhas de louça no alto das fachadas, no Recife, em Salvador ou Rio de Janeiro.

Alguns meses depois, voltei a Lagos. E encontrei-me com duas senhoras brasileiras que eram, por assim dizer, malungas, pois, em 1900, tinham viajado, meninas, para a Nigéria, no mesmo barco, o "Aliança". A mais velha, D. Romana da Conceição, falava um português doce e perfeito. Ambas tinham saudade de suas infâncias brasileiras e me disseram, numa confidência de primeiro encontro, o que, vinte anos mais tarde, ouviria de outras bocas tantas vezes: a decepção com a África que encontraram e que não correspondia ao que alguns tinham guardado na memória e outros imaginado a partir do que lhes narravam pais ou avós. Como só muito excepcionalmente um deles se reincorporava à sua terra natal e à sua linhagem, mesmo os auoris, os ijebus, os ijexás e os egbas que retornavam do Brasil sentiram-se na Nigéria — e isto me afirmaram seus netos e bisnetos — o que quase todos eram ou se tinham tornado: estrangeiros. Viveram, assim, duas vezes a condição de expatriados: a primeira, como escravizados africanos no Brasil; a segunda, como ex-escravos brasileiros na África. Como se estivessem para sempre fadados a estar no exílio em casa.

Fácil é compreender, por isso, o alvoroço com que dei, em 1985, com um livro de Manuela Carneiro da Cunha, cujo título me prometia explicar o que eu equivocadamente julgava já saber: *Negros, estrangeiros: Os escravos libertos e sua volta à África*. Desde as primeiras páginas, esse livro foi para mim um bom companheiro — conciso, claro, fino, arguto e elegantemente provocador. Se me fez recordar o que lera em A.B. Laotan, Pierre Verger, Antônio Olinto, Zora Seljan e J. Michael Turner, trouxe-me não só novos enredos, mas principalmente uma nova análise das razões e motivações dos retornos e das formas de organização em que se abrigaram os retornados, preparando-me para o que leria depois em Kristin Mann, Robin Law e Milton Guran.

Aguçaram-me a curiosidade as boas lembranças que encontrara em Lagos, onde vivi de 1979 a 1983, das entrevistas que Marianno e Manuela Carneiro da Cunha haviam feito com membros da comunidade brasileira e que certamente estariam nos alicerces do livro. Alguns dos entrevistados disseram-me que Marianno os punha inteiramente à vontade para contar a experiência deles próprios ou o que neles tinha ficado da história dos pais e dos avós. Ou — pensava eu — da história como queriam que tivesse sido — o que também tem valor como documento.

De poucos ouvi, por exemplo, que seus antepassados tinham sido feitos cativos em guerra ou razia. Nos racontos mais comuns, um menino ou meninote era enganado por um tio ou outro parente próximo e vendido a um mercador. No caso de um homem feito, era embriagado por amigos e ia acordar manietado no navio negreiro. Parecia-me que se tinha por vergonhoso um homem se deixar aprisionar durante uma batalha: era como se escolhesse, por covardia, a escravidão à morte. Já sobre as razões do regresso à África, a maioria afirmava que se dera por saudades de dias mais felizes ou em busca de melhores oportunidades econômicas. Excetuados os muçulmanos, que tinham orgulho em ressaltar que seus antepassados haviam sido deportados da Bahia por envolvimento no *jihad* de 1835 ou por motivos religiosos, não me recordo de ter sabido por uma só pessoa que o seu avô tinha sido expulso do Brasil. Várias conheci, porém, que fizeram questão de deixar claro, e em voz alta, que descendiam, por um ou mais lados, de mercadores de escravos.

Manuela Carneiro da Cunha amplia o quadro: as desconfianças com que eram vistos os libertos no Brasil, principalmente os africanos, e os obstáculos que enfrentavam no dia-a-dia empurravam emocionalmente os mais resolutos e empreendedores, dentre aqueles que tinham meios, para os navios que demandavam a África, de onde chegavam boas novas de muitos dos que para lá haviam ido. E, ao descrever as políticas adotadas pelas autoridades baianas contra os libertos urbanos — as mesmas autoridades que os encorajavam a voltar para a África —, ela destaca as proibições e os entraves ao exercício de ofícios especializados por ex-escravos africanos. Aí está a razão da presença de tantos artífices de alto nível nas comunidades brasileiras da África Ocidental. Sem perspectivas de uma vida melhor no Brasil, muitos deles atravessaram o oceano para atender a uma demanda de mão de obra requerida pelos europeus que se instalavam no continente africano, e criaram fama como pedreiros, carpinteiros, marceneiros, pintores, ourives, estofadores, alfaiates, modistas e doceiras. O mesmo mestre de obras que não conseguia quem lhe encomendasse um pequeno prédio em Salvador voltava-se em arquiteto na Costa da África e construía sobrados, igrejas, mesquitas e arruamentos de casas térreas de parede e meia.

Os retornados brasileiros e seus discípulos — pois alguns deles formaram escola — chegaram a dominar algumas dessas profissões. E praticamente monopolizaram o comércio com o Brasil. Manuela Carneiro da Cunha — e esta é mais uma das formulações novas que traz o seu livro — os define como uma diáspora mercadora. Semelhante a tantas outras que existiram na África Atlântica, como a uângara, a diula, a diacanquê, a marca, a iarse e a hauçá. Em muitos lugares esses libertos arrimaram-se às comunidades formadas pelos comerciantes de escravos provenientes do Brasil e suas famílias africanas e se beneficiaram da rede de cooperação por eles criada ao longo da costa. Adquiriram uma identidade própria, a de brasileiros, agudás ou amarôs, que os distinguia das gentes entre as quais se fixavam. Eram diferentes porque haviam, eles ou seus pais, vivido no Brasil. Por isso, falavam português, vestiam-se à europeia, eram vistos como católicos, organizavam procissões, carnavais, piqueniques e festas que eram só deles, representavam peças de teatro e tocavam violão, cavaquinho, prato-e-faca e alguns outros instrumentos que os demais desconheciam.

De início discriminados pelos demais africanos, por serem ex-escravos ou descendentes de escravos, transformaram habilmente o opróbrio em marca de prestígio, e o cativeiro num exílio enriquecedor que os tornara íntimos dos valores, das técnicas e dos modos de vida que os europeus estavam trazendo para a África. A rejeição inicial isolou-os na cidade em que viviam, mas aproximou-os das comunidades de brasileiros existentes em outros lugares, que passaram a ligar-se por laços familiares, de compadrio e clientela. Como defesa, desenvolveram o orgulho da diferença. E surpreendentemente transformaram o Brasil onde tinham sido maltratados e humilhados num ícone grupal e na mais importante referência da memória coletiva. Comemoravam anualmente o aniversário do imperador D. Pedro II e procuravam acompanhar o que se passava no Brasil. Foi, assim, com grandes festas que celebraram a assinatura da Lei Áurea.

Manuela Carneiro da Cunha quis que este instigante livro ficasse nos limites do século XIX. Só de passagem referiu-se aos numerosos indivíduos — brancos, caboclos, cafuzos, mulatos e negros — que se transferiram, no Setecentos e mesmo antes, do Brasil para a África e lá formaram famílias, intervieram nas disputas políticas locais e nos conflitos armados e, em algumas regiões, acabaram por controlar o comércio de escravos. Tampouco se deixou escorregar pelo século XX, para descrever como os brasileiros e abrasileirados se desestrangeiraram, passaram a casar-se com pessoas de outros grupos e alguns deles assumiram papéis de relevo na vida política, econômica e cultural da Nigéria, sobretudo após a independência. (Quando lá vivi, o mais renomado jurista nigeriano e ex-presidente da Corte Suprema, o ministro do Planejamento, o diretor da empresa estatal de petróleo e o principal cineasta do país, Ola Balogun, eram descendentes de brasileiros.) Assim como ser nigeriano não implica deixar de ser ibo, hauçá, ijebu, ijexá, bornu ou edo, os netos e bisnetos dos retornados continuaram a ser, por herança, agudás, amarôs, brasileiros. Em Lagos, podiam ser vistos na missa dos brasileiros, na catedral católica que ajudaram a construir, os homens de terno branco e gravata verde, e as mulheres de vestido branco e faixa verde a cruzar o peito. Os que eram muçulmanos tinham por imame em chefe de Lagos o *Alhaji* Ilade Ibrahim, um descendente de brasileiros pelo lado materno, que disso muito se orgulhava.

"Agudá" é uma palavra que pode ser traduzida por "português", "brasileiro" ou "católico". Manuela Carneiro da Cunha analisa finamente as relações entre os retornados e o catolicismo e como este foi fundamental na conformação de uma ideia de brasileiro. Hoje, há brasileiros das mais diversas religiões, e até mesmo dentro de uma única família. Mas foi o arcebispo católico de Lagos quem presidiu o *garden party* com que a Associação dos Descendentes de Brasileiros disse adeus a mim e a minha mulher, Vera, na Casa da Água, em 5 de fevereiro de 1983. E lá estavam batistas, adventistas, episcopalianos, metodistas, muçulmanos e devotos dos orixás.

Alguém dirá, com o seu tanto de razão, que este livro de Manuela Carneiro da Cunha é especialmente fascinante para mim porque o li a recordar experiências por que passei. Mais fascinante ainda, e surpreendente, ele se revelará, no entanto, a quem nada ou pouco saiba do assunto de que trata. Um desses leitores, em seu noviciado, talvez não resista, capítulo após capítulo, à tentação de ir tomando, do que neles se diz, exemplos para ilustrar um ensaio, no espelho de Montaigne, sobre as diferentes espécies de saudades. Ou de pessoas com saudades. Ele talvez começasse por mostrar como esses ex-escravos que retornaram

ESTRANGEIROS NO BRASIL, ESTRANGEIROS NA ÁFRICA

do Brasil para a África ficaram marcados por duas travessias do oceano: a primeira, uma viagem cheia de medo, rumo a um desconhecido que o estar manietado num porão sufocante e escuro do navio antecipava monstruoso; a segunda, uma viagem de esperança, durante a qual os dias da meninice se tornavam cada vez mais próximos. Ao longo dos anos de cativeiro em terras brasileiras, tinham acarinhado a lembrança da aldeia natal, um paraíso de que tinham sido exilados, mas que esperavam um dia reabitar. Essa saudade se abrandou, mas não morreu neles, quando, já na África, viram ser impossível voltar ao chão da infância e, mais ainda, ao tempo perdido. Começaram, então, a entretecer novas saudades: as da juventude e mocidade, passadas num Brasil que nas suas memórias se adoçava. Houve, e não foram poucos, aqueles que, arrependidos ou inquietos, voltaram a atravessar o oceano, e mais de uma vez. Na África, eram tomados pela nostalgia do Brasil; no Brasil, tinham saudades da África.

De volta à África não se desprenderam do Brasil e procuraram copiar-lhe as formas. Não reproduziram, porém, as roupas, as casas e os comportamentos dos escravos. Tinham saudade de si próprios e de seus dias de juventude no Brasil, mas o Brasil que queriam refazer não era o dos cativos, mas o dos senhores. Passaram a vestir-se como seus antigos donos, a servir a mesa como eles e a repetir suas rotinas diárias, em casas, assobradadas ou não, cuja distribuição de cômodos era semelhante às do outro lado do Atlântico. Exemplos dessas casas, que tanto me emocionaram quando de minha primeira viagem, em 1960, a Lagos, podem ser vistos nas fotos de Pierre Verger que figuram em *Da senzala ao sobrado: Arquitetura brasileira na Nigéria e na República Popular do Benim*, de Mariano Carneiro da Cunha, escrito de mãos dadas com a autora deste *Negros, estrangeiros*, livro que louvo, agradeço e invejo.

OS *AGUDÁS*

Faz meio século, a revista *O Cruzeiro* publicou uma série de reportagens, com fotografias de Pierre Verger e texto de Gilberto Freyre, sobre a existência, na Costa Ocidental da África, de comunidades de descendentes de traficantes negreiros e de ex-escravos retornados do Brasil, que continuavam a ser chamados brasileiros. Embora impressas num acastanhado escuro, as fotos eram excelentes, e algumas, comovedoras. Várias saíram depois, mais bem reproduzidas, em diferentes obras de Verger. Já as prosas de Gilberto Freyre transformaram-se naquele fino ensaio, "Acontece que são baianos...", incluído em *Problemas brasileiros de Antropologia*.

O que é surpreendente é que tenha ele escrito páginas tão afetuosamente verdadeiras sobre os descendentes de brasileiros no golfo do Benim, os *agudás* ou *amarôs* (como também são conhecidos na Nigéria), sem ter estado jamais naquela parte do mundo, e com base apenas nas imagens e informações trazidas da África por Pierre Verger, juntamente com o exemplar de um livrinho, *The Torch Bearers or the Old Brazilian Colony in Lagos*, da autoria de um nigeriano descendente de brasileiros, A. B. Laotan.

Claro que Gilberto Freyre conhecia de muitas releituras as páginas que Nina Rodrigues escreveu, em *Os africanos no Brasil*, sobre o Chachá Francisco Félix de Souza e sobre os libertos brasileiros e seus filhos que regressaram à África. Conhecia também a reação admirada do Padre Pierre Bouche, o autor de *La Côte des Esclaves et le Dahomey*, ao encontrar em Agoué, em 1874, uma capelinha onde um grupo de ex-escravos provenientes do Brasil, e que desde muito não viam um sacerdote, se reunia para rezar o terço. Gilberto Freyre não menciona o nome de quem primeiro a ergueu, mas talvez soubesse que era Venossa (ou Venância?) de Jesus, como não ignorava o de quem a reconstruíra após um incêndio, Joaquim d'Almeida, um liberto que retornara à África, para ali enricar como negreiro. Cita *Le Pays des Nègres*, do Abade Lafitte, e também *Dahomey and the Dahomeans*, de Frederick E. Forbes, e *A Mission to Gelele, King of Dahome*, de Richard Burton. Nesses livros, retratam-se, entre outros brasileiros, os grandes potentados, com direito a guarda-sol e a cortejo com trombetas e tambores, como Francisco Félix de Souza, Domingos José Martins, José Francisco de Santos, o "Alfaiate", ou Pedro Cogio da Silveira — os três últimos, ex-escravos que se tornaram eficientíssimos comerciantes de gente e de azeite de dendê. Gilberto Freyre tampouco deixa de recordar a surpresa com que alguns europeus observaram um grupo de africanos a conversar em português, enquanto tiravam os sapatos para entrar na pequena mesquita por eles construída. De uma sei que tinha na fachada estas palavras: "Brazilian Mosque".

Antes desses textos de Gilberto Freyre, J. F. de Almeida Prado já havia dado a conhecer, em 1949, um longo e bem urdido estudo, "A Bahia e as relações com o Daomé", incluído posteriormente em *O Brasil e o colonialismo europeu*. Esse trabalho não traz notas de pé de página, com indicação de fontes, ainda que nele se citem várias no correr dos parágrafos, mas logo se descobre que o seu autor leu tudo ou quase tudo que até então havia sobre o assunto. Uma estante inteira. Fossem viajantes, missionários, capitães de navio, exploradores ou geógrafos, alemães, britânicos, franceses ou portugueses que conheceram ou privaram com os traficantes e os ex-excravos brasileiros e seus descendentes — De Monléon, John Duncan, Thedore Canot, Richard Burton, o Abade Lafitte, o Padre Borghéro, Carlos Eugênio Corrêa da Silva, B. Feris, Elysée Réclus, Silva Curado, A. B. Ellis, o Príncipe de Joinville e Edouard Foa, no século XIX, e Le Hérissé, Achille Féraud, Paul Marty, o Padre Pelofy e Paul Hazoumé, no Novecentos —, a todos leu. E também teve ouvido atento, como refere, ao que lhe contou Pierre Verger.

A este devemos uma obra monumental sobre o assunto: *Fluxo e refluxo do tráfico de escravos entre o golfo do Benin e a Bahia de Todos os Santos, dos séculos XVII ao XIX*, cuja edição original, em francês, é de 1968. Antes e depois dela, deu-nos vários outros trabalhos de leitura indispensável, além de deixar-nos uma enorme e importantíssima coleção de fotografias sobre as relações entre as margens africana e brasileira do Atlântico. Verger percorreu com lupa aqueles autores todos — e muitos mais. Internou-se nos arquivos da Bahia e do Rio de Janeiro, da República do Benim, da França, da Nigéria, dos Países Baixos e de Portugal, a tomar notas e notas de papéis que até então tinham passado despercebidos, e a copiá-los. O principal, porém, é que leu sabendo o que lia, não só com o conhecimento da intimidade quotidiana daqueles que na banda de lá se afirmam brasileiros, mas também da intensidade das trocas entre os dois lados do oceano e da força e permanência da África no Brasil. Amigo de muitos anos de numerosos *agudás*, Verger participou de suas festas, frequentou as suas casas e nelas comeu feijão de leite de coco, peixe com pirão, feijoada e cozido. Ouviu suas histórias e as dos seus pais e avós. Teve acesso a documentos de família e a fotografias e cartas antigas. Revelou-nos, por exemplo — e só isto garantiria nosso reconhecimento — a extraordinária correspondência do "Alfaiate", a maior que conheço (84 cartas enviadas entre 20 de agosto de 1844 e 22 de dezembro de 1847, e 28 remetidas de 21 de novembro de 1862 a 11 de julho de 1871) de um traficante de escravos instalado no continente africano, e na qual há de tudo, desde como se fazia o contrabando de cativos até indicações de que se acompanhava com atenção, em Ajudá, a marcha da guerra para "castigar a audácia do tirano López".

Quando estive pela primeira vez em Lagos, em outubro de 1960, a acompanhar o Embaixador Francisco Negrão de Lima às cerimônias da independência da Nigéria, já conhecia as reportagens de *O Cruzeiro,* o estudo de J.F. de Almeida Prado e um artigo de Roger Bastide sobre os brasileiros na África ("Carta da África"), publicado em 1958 na revista *Anhembi*. Apesar disso, não deixei de me comover, surpreendido, quando, meses depois, ao retornar a Lagos, ouvi, no saguão do hotel, D. Romana da Conceição, perguntar-nos, feliz, num português muito doce: — Como vão os meus patrícios? Com ela estavam duas ou três outras brasileiras, que tinham ido, meninas, com os pais para Lagos. E continuei a maravilhar-me, no dia seguinte, ao caminhar pelo Brazilian Quarter, Popó Agudá ou Popó Marô, o bairro dos brasileiros, e sobretudo por uma rua cujo nome, da leitura de Nina Rodrigues, eu guardara na memória: Bamgbose Street, onde morava Lourenço Cardoso, o *agudá,* nascido em Lagos, que o autor de *Os africanos no Brasil* conheceu em Salvador, a comerciar com pano e sabão da costa, noz de cola e outros produtos africanos. Fui até Campos Square, a reparar nos sobrados e nas casas térreas em tudo semelhantes às edificações do fim do século XIX e início do século XX do centro de Salvador, Recife, Fortaleza ou Rio de Janeiro. Só havia diferença nos telhados. Os brasileiros bem que tentaram introduzir na África Atlântica as telhas de barro; sei que começaram a produzi-las, mais de uma vez e em diferentes pontos da costa, porém não lograram vencer a oposição dos europeus, interessados em vender suas folhas de flandres e zinco corrugado.

OS *AGUDÁS*

Deixei em alguns escritos as impressões desse meu encontro com um pedaço do Brasil que se transplantara para o continente defronte, levado por homens e mulheres que escapavam de uma história de humilhação e sofrimento. Nos anos seguintes, voltei a Lagos, fui mais de uma vez a Lomé, a Cotonou e a Porto Novo, e percorri a rodovia que, por largos trechos, acompanha a costa entre Acra e a capital nigeriana. Conheci outros Da Costas, e Barbosas, Medeiros, Silvas, Martins, Santos, Marinhos, Souzas e Da Rochas. E também gente com nome iorubano ou fom que, mal me apertava a mão, tinha pressa em falar-me dos avós brasileiros.

Pela mesma experiência passaram Zora Seljan e Antônio Olinto, quando, logo em seguida, este foi adido cultural em Lagos. O casal conviveu com os velhos brasileiros e seus descendentes, entrevistou-os com curiosidade e carinho, deixando de vários deles retratos inesquecíveis em *No Brasil ainda tem gente da minha cor?*, de Zora Seljan, e *Brasileiros na África*, de Antônio Olinto. Olinto fez de um dos melhores exemplos da arquitetura dos mestres de obras *agudás*, a Water House, na Kakawa Street, personagem de um romance fascinante, *A Casa da Água*, no qual se confundem a história de mulheres excepcionais com a saga dos ex-escravos retornados. Sobre o maior dos traficantes brasileiros estabelecidos na África, Francisco Félix de Souza, seria um australiano, Bruce Chatwin, quem escreveria, ainda que com acidez e desdém pelo diferente, uma novela interessantíssima, *The Viceroy of Ouidah*.

Para os brasileiros do Brasil, o trato com os brasileiros da África tornou-se uma experiência inesquecível. Vários lhes dedicaram crônicas rememorativas como os artigos que, sob o pseudônimo de Ismael do Prado, o ex-embaixador em Lagos J. O. de Meira Pena publicou, em 1977, no *Jornal do Brasil* — e a estudaram com afinco, como Júlio Santana Braga, de quem lembro aqui as "Notas sobre o 'Quartier Brésil' no Daomé", estampadas no número de 1968 da revista *Afro-Ásia*. Ou como um outro casal que viveu na Nigéria e demorou sua atenção bem armada sobre os *agudás*, olhando-os de fora e de dentro: Manuela e Mariano Carneiro da Cunha. Mariano, que foi professor na Universidade de Ifé, morreu precocemente, mas legou-nos um livro póstumo, com fotografias de Pierre Verger. Um livro precioso: *Da senzala ao sobrado: arquitetura brasileira na Nigéria e na República Popular do Benim.* Por sua vez, Manuela Carneiro da Cunha produziu um estudo minucioso e agudo, *Negros, estrangeiros: os escravos libertos e sua volta à África,* no qual procurou explicar como e por que o liberto que não encontrava espaço no Brasil, ao retornar à África, nela construiu uma nova identidade como diáspora mercadora.

Não alongo o rol dos brasileiros que escreveram sobre os *agudás* ou *amarôs*, e apenas menciono alguns poucos estrangeiros que também o fizeram, a começar pelo norte-americano J. Michael Turner, com sua tese *Les Brésiliens — The Impact of Former Brazilian Slaves upon Dahomey* apresentada, em 1975, à Universidade de Boston. Desde Lorenzo D. Turner e A. B. Laotan, no começo da quinta década do século XX, foram muitos os daomeanos ou beninenses, nigerianos, europeus e norte-americanos, que se debruçaram sobre os *agudás* e sobre as repercussões de sua presença nas sociedades africanas que os acolheram. Sobre o papel que tiveram os retornados brasileiros na propagação do catolicismo na Nigéria, recordo J.F. Ade Ajayi; sobre atuação semelhante no difundir do islame entre os iorubas, T. G. O. Gbadamosi; sobre a maneira especial de praticar a fé muçulmana, Vincent Monteil; sobre o tipo de arquitetura que irradiaram, Ulli Beier, Susan Aradeon, David Aradeon e Massimo Marafatto; sobre seus hábitos sociais de burguesia ascendente, Michael J. C. Echeruo e Kristin Mann, e sobre uma de suas grandes famílias, Norberto Francisco de Souza e Simone de Souza. Mais recentes são os estudos de Robin Law sobre a comunidade brasileira em Ajudá, e os de

OS AGUDÁS

Elysée Soumonni sobre os brasileiros na atual República do Benim. Como a palavra *agudá* também se aplica aos retornados de Cuba e aos seus descendentes — conheci dois que, além de *agudás*, se diziam "brasileiros de Cuba"—, não posso deixar de mencionar o excelente livro, também nascido da experiência de uma estada em Lagos, do cubano Rodolfo Sarracino, *Los que volvieran a Africa*.

O caso de Milton Guran é, de certa forma, diferente. Não foi por ter morado em Lomé, Porto Novo ou Lagos, que ele se rendeu aos *agudás*. O seu objetivo era estudar a utilização da fotografia como instrumento de pesquisa nas ciências sociais. Precisava de um campo de trabalho, e lhe sugeriram as comunidades de descendentes de brasileiros e abrasileirados da República do Benim. Foi vê-las, com olhos de fotógrafo, de antropólogo e de brasileiro com o seu muito de africano. Apaixonou-se por elas. E por elas foi por aceito, como um parente de volta à casa, após a separação imposta pelo domínio colonial francês. Do reencontro ficou um belo livro, *Agudás: Os "brasileiros" do Benim,* que o leitor percorrerá emocionado. Fruto de um olhar sensível, de uma pesquisa séria e da meditação demorada, nele a fotografia não ilustra o texto, nem este serve àquela de legenda: palavras e imagens se elucidam mutuamente e se completam.

Milton Guran não repete Pierre Verger, também fotógrafo e *scholar*. Mas, na essência, lhe dá continuidade. Neste livro, aparecem pessoas com quem Verger talvez tenha falado, quando eram ainda crianças, e que, agora, empregam outro vocabulário para explicar-se. Nas últimas duas ou três décadas, mudou a África e, com ela, a percepção que os *agudás*, como os demais africanos, têm de si próprios e de seu passado. Nem podia deixar de ser assim, pois, a cada momento, a nossa imagem no espelho do tempo é diferente. Hoje, por exemplo, somos tentados a pensar que o fluxo e o refluxo de gente entre o golfo do Benim e a Bahia foi muito mais que isto e que o tráfico de escravos e a movimentação de navios a seu serviço entre as duas praias do Mar Oceano estava tecendo, no tear da tragédia, um mundo atlântico de substrato negro, uma cultura nova, que, ao se impor sobre a África no fim do século XIX, o colonialismo europeu entorpeceu, retardou e talvez tenha frustrado de vez. Uma cultura na qual, para falar por símbolos, o complexo europeu mediterrânico do trigo, da vinha e da oliva teria por contraparte o da mandioca, da malagueta e do dendê.

Talvez por essa perspectiva compreendamos melhor o que Milton Guran ressalta tão bem: que a única projeção cultural do Brasil fora de suas fronteiras se haja dado na África Atlântica, tendo por principal fautor o africano abrasileirado, o ex-escravo que fora maltratado em terras brasileiras. Ao terem por seus, padrões de comportamento que não eram mais inteiramente africanos nem completamente europeus e formarem, em consequência, os seus enclaves culturais, os *agudás* tornaram-se propagadores não só da cultura portuguesa amerindianizada e africanizada no Brasil, mas também de uma nova maneira de ser e de ver-se africano, aprendida dolorosamente no outro lado do mar. É até possível que, naqueles que se reconheciam, na segunda metade do Oitocentos, como, ao mesmo tempo, ijexá, iorubá e brasileiro, e tinham a família, como não era infrequente, repartida por Agoué, Porto Novo, Lagos e Salvador, venhamos a reconhecer os representantes precoces dessa cultura atlântica.

Poetizo, dirão. Seja. A história é o que foi e não o que poderia ter sido. E a história dos traficantes brasileiros instalados na África e dos libertos que para lá regressaram ainda não foi de todo escrita. Que este livro de Milton Guran nos traga outros. Sobre não só os *agudás* e *amarôs* do Togo, da República do Benim e da Nigéria, mas também sobre a comunidade *tá-bom* de Gana, a respeito da qual só conheço, em português, as valiosas notas que o ex-embaixador em Acra, o escritor Raymundo de Souza Dantas, preservou em *África difícil.* Que os historiadores se apressem a dizer-nos, por exemplo, o que sabem sobre aquele César Cerqueira Lima, que, na primeira metade do século XIX, era um dos vários brasileiros, cubanos, portugueses e espanhóis — talvez o maior deles — que comerciavam com gente em Vodza, entre os evês anlos, e deixou para um escravo de confiança, Atitsobi ou Geraldo de Lima, as propriedades, os negócios, as numerosas mulheres e o sobrenome. Seria ele parente dos irmãos José e Manoel Cerqueira Lima, da Bahia? E que nos elucidem sobre os brasileiros, pouco numerosos, do Gabão: descenderiam também de ex-escravos retornados ou teriam origem, em sua maioria, nos *agudás* do Daomé que os franceses para lá deportaram por terem combatido ao lado de Béhanzin?

Da leitura do livro *Agudás* sai-se com a impressão de que os ex--escravos que voltaram à África eram indivíduos excepcionais. Não os dobraram as amarguras e o ultraje da escravidão. Com muito trabalho e não menor força de ânimo adquiriram a difícil liberdade e a dos seus. Deviam ser excelentes profissionais, pois só assim se explicaria o terem conseguido poupar para adquirir as passagens de navio e levar em suas bagagens as mercadorias que lhes garantiram a instalação no outro lado do oceano, em terras que na maior parte das vezes não eram aquelas de onde haviam saído. Alguns aderiram ao tráfico negreiro. Mas a maioria não, e embandeirou as ruas de seus bairros e se derramou em festas públicas, ao receber a notícia da abolição da escravatura no Brasil. Quando morei em Lagos, um velho brasileiro a quem visitava retirou de um armário um embrulho cuidadoso: Foi trazido do Brasil pelo meu avô, disse. Dentro estava um exemplar da primeira edição de *Espumas flutuantes.*

A ÁFRICA DE D. JOÃO

Em 1808, transferiu-se para o Rio de Janeiro a sede do império português. Que império era esse? Compreendia o território europeu de Portugal, os arquipélagos dos Açores e da Madeira, as vastidões do Brasil e os domínios na Ásia e na África. Na Ásia, reduzia-se à parte oriental de Timor, a Macau, na China, e a Goa, Damão e Diu, no subcontinente indiano. Na África, suas possessões não passavam de enclaves, alguns deles grandes, e outros pequenos e até diminutos, como o forte de S. João Batista de Ajudá, não maior do que uma chácara. O controle efetivo sobre as terras da atual Angola se restringia, no litoral, às áreas entre a foz do Lifune e a do Cuanza e entre o rio Quiteve e a cidade de Benguela, a isso se somando, ao norte do rio Zaire, a feitoria de Cabinda. Para o interior, os limites avançavam e recuavam conforme as circunstâncias e mal chegavam a 300km da costa. Havia, ao longo das principais rotas comerciais, alguns presídios — assim se chamavam vilas fortificadas, onde se protegiam os mercadores —, mas esses presídios eram ilhas portuguesas em territórios controlados por africanos, e nos quais não se comerciava sem o consentimento dos seus reis e o pagamento de imposto. Muitos eram os sobas que os fechavam às caravanas dos pombeiros, fossem brancos, mulatos ou "negros calçados", isto é, aportuguesados. Isso não se dava somente no interior. Logo ao norte de Luanda, junto da costa, por exemplo, o régulo de Mossulo mandava como queria, após ter derrotado os portugueses em 1790.

Também as terras que dependiam de Benguela estavam envolvidas por todos os lados, exceto o do mar, por reinos africanos e deles dependiam para se abastecerem de escravos, gado, cera, mel e marfim. Ninguém mercadejava no planalto sem a aquiescência dos reis ditos ovimbundos de Huambo, Bailundo e Bié.

Não era muito diferente a situação no Índico. Tanto a ilha de Moçambique quanto Sofala, Quelimane, Inhambane, Lourenço Marques e outras feitorias da costa, tinham de haver-se com os sultões e xeques das várias cidades-estado suaílis vizinhas e não esquecer a proximidade protetora do sultão omani de Zanzibar. E mal se saía das ilhas e do litoral, estava-se sob soberania africana. Sobre o Zambeze, duas cidades, Sena e Tete, hasteavam a bandeira portuguesa, e, ao longo do rio, sucediam-se os *prazos* (terras concedidas em enfiteuse a portugueses e herdadas por suas filhas e netas, as famosas *donas*, quase todas mulatas). Mas, se os titulares dos prazos ostentavam para os visitantes modos europeus, comportavam-se no dia a dia como chefes africanos. Num momento, acudiam ao governador de Moçambique com seus exércitos privados; noutro, não hesitavam em desafiar-lhe a autoridade.

Voltando ao Atlântico, a presença portuguesa na Guiné reduzia-se a Bissau, Cacheu e alguns entrepostos no interior, controlados por mulatos, os "filhos da terra", mais africanos do que portugueses. Bissau não chegava a cem casas, a maioria simples choças de sopapo, protegidas por um forte de pedra e cercadas por uma paliçada. Dentro dela, mandavam os portugueses; no resto da ilha, os pepéis, dos quais a povoação dependia para abastecer-se de víveres. No continente, senhoreavam outros reis africanos que tinham os portugueses como hóspedes ou tributários.

A ÁFRICA DE D. JOÃO

Diferente era a situação dos arquipélagos de Cabo Verde e de São Tomé e Príncipe, sobre os quais o domínio português se exercia em plenitude. Embora tivessem perdido importância como centros de aclimatação e revenda de escravos, continuavam a ser pontos de abastecimento para muitos dos navios que, no caso de Cabo Verde, demandavam a Guiné, e, no de São Tomé, faziam o tráfico em Angola e no golfo do Benim. Cabo Verde exportava para o Brasil os seus tecidos feitos em teares estreitos, de grande procura entre a escravaria, enquanto São Tomé acordava, com o café, de uma longa apatia econômica.

Embora nela se mercadejassem marfim, peles, cera, ouro e outros produtos, o comércio de escravos era a principal atividade de todo essa rede colonial. Só após a independência do Brasil, Lisboa passaria a olhar para Angola, Moçambique e Guiné com outros olhos. E só no fim do século XIX se assenhorearia dos amplos territórios que viriam a figurar em seus mapas.

As regras do sistema colonial determinavam que o comércio somente se fizesse entre cada uma das possessões ultramarinas e a Metrópole, a qual, por sua vez, intermediaria as trocas entre elas. Havia muito, porém, a situação entre o Brasil, de um lado, e Cabo Verde, São Tomé, Angola, Guiné e Moçambique, de outro, contrariava essa regra, pois se ligavam diretamente pelo tráfico de escravos. E, desde o século XVII, Angola era uma espécie de subcolônia do Brasil, regida pelos interesses do Rio de Janeiro.

O alvará de D. João de 2 de abril de 1811, que anulou a legislação que vedava o comércio direto entre os portos brasileiros e os demais domínios portugueses, não fez mais, portanto, do que legalizar uma situação de fato. Em última análise, o alvará só tinha o efeito de legitimar o comércio brasileiro com a Índia. Embora proibido, não era incomum, contudo, que barcos saídos de Goa a caminho de Portugal e que paravam em Moçambique alegassem razões de emergência — falta de alimentos ou de água, doenças ou necessidades de consertos — para ancorar em portos brasileiros e neles descer, clandestinamente ou às escâncaras, parte da carga: algodões indianos, sedas chinesas, especiarias, porcelanas, móveis de vime e laca, assim como escravos arrebanhados nos litorais africanos do Índico.

Em Lisboa, D. João e seus ministros recebiam constantes notícias sobre as possessões portuguesas na África. Mas, ao desembarcar no Rio — como, antes, ao descer em Salvador —, ele encontrou a África a dominar as ruas da cidade. Ao olhar por uma das janelas do Paço, via todo o tipo de africanos. Era, aliás, no Rio, como em outras partes das Américas, que eles eram reconhecidos e se reconheciam como africanos e não mais somente como um membro de sua aldeia, de seu reino ou de um grupo que falava a mesma língua, tinha os mesmos costumes e adorava os mesmos deuses. Gente que, no outro lado do Atlântico, jamais saberia da existência da outra, aqui com ela se acotovelava. Fons trabalhavam no mesmo espaço que andongos, e se entendiam ou desentendiam angicos com iorubás, macuas com congos, libolos com hauçás.

D. João se acostumaria com essa paisagem humana, que não se alteraria ao longo dos seus treze anos de Brasil, pois, se as salas e os jardins da cidade se europeizavam, o constante afluxo de novos escravos africanos — e deles estima-se que entraram no Rio, naquele período, cerca de 250 mil — fazia com que se robustecessem constantemente nas ruas, nas cozinhas e nos quintais as culturas africanas. Manhã após manhã, a África acordava no Rio de Janeiro.

O COMÉRCIO DO BRASIL COM A ÁFRICA NOS TEMPOS DE D. JOÃO

Dentre as várias medidas tomadas pelo Príncipe Regente D. João, durante sua estada no Brasil, duas tiveram por objetivo modificar as relações econômicas do nosso país com o que se poderia chamar de império português e com o resto do mundo.

Pela primeira, a Carta Régia de 28 de janeiro de 1808, abriram-se os portos brasileiros às nações amigas, com o que se rompeu a estrutura colonial que requeria fosse todo o comércio externo realizado com Portugal. Essa medida tem sido considerada como, na realidade, a abertura do mercado brasileiro às exportações britânicas, que tinham a seu serviço a maior frota mercante do mundo, protegida nos mares por uma poderosa marinha de guerra. Se não bastasse ser a Grã-Bretanha um dos poucos países, se não o único, com capacidade naval para retirar imediatamente todas as vantagens da abertura dos portos brasileiros, ela ainda obteve, pelos tratados de 1810, tarifas privilegiadas para os seus produtos, menores até mesmo do que as devidas pelos artigos originários de Portugal.

Já se argumentou, por isso, que, se, em vez do livre-cambista José da Silva Lisboa, admirador de Adam Smith, D. João tivesse tido por conselheiro o protecionista Alexander Hamilton, outro teria sido o destino da economia brasileira. No entanto, ainda que o país tivesse adotado um regime de tarifas altas e de restrição às importações, havia um sólido óbice ao progresso das indústrias: a escravidão. E não se oponha a esse argumento o exemplo dos Estados Unidos, porque estes, creio, não o abonam: o Norte diversificou a economia e se industrializou; o Sul, não; e, embora o Norte também tivesse escravos, não era, como o Sul, uma sociedade escravista, isto é, cuja economia fosse movida pelo trabalho escravo. Pelo escravo, que expele a máquina.

Se, de início, a abertura dos portos significou a entrada maciça de produtos britânicos no Brasil, não tardou para que outros países — sobretudo a França, a partir de 1815 — nele ganhassem crescente espaço. Uma consequência pouco lembrada foi a redução dos preços dos bens importados, que deixaram de ser onerados pelo monopólio comercial português. Por outro lado, os produtos brasileiros não mais necessitavam de passar por Portugal para serem colocados nos outros mercados: em vez de comerciar somente com a Metrópole, como prescrevia a relação colonial, o Brasil passou a efetuar suas exportações diretamente para o resto do mundo, ainda que pudesse utilizar a intermediação e as facilidades de crédito britânicas.

A preeminência da Grã-Bretanha no mercado brasileiro, durante o período joanino e na primeira metade do século XIX, deve ser qualificada. No mesmo ano da chegada de D. João ao Rio de Janeiro entrou em vigor a lei de 25 de março de 1807, que proibiu os súditos britânicos de comerciarem com escravos, lei que foi reforçada por outra, de 1811, pela qual os transgressores passaram a estar sujeitos à pena de morte. Ocorre que o principal item de importação do Brasil era o escravo, e esse comércio estava, desde havia muito, nas mãos de brasileiros e de portugueses que viviam no país. Era um comércio bilateral direto entre, por exemplo, o Rio de Janeiro e Luanda e Benguela, entre Salvador e o golfo do Benim, e entre São Luiz e Belém, de um lado, e Cacheu e Bissau, de outro. Ainda que os britânicos não se tivessem autoexcluído desse comércio, provavelmente não teriam deslocado os mercadores do

Brasil, com sua rede de fornecedores na Costa e na Contracosta africanas, onde alguns deles tinham fortes conexões de parentesco e compadrio.

Os britânicos ficaram fora, portanto, do maior e mais lucrativo negócio de importação do Brasil, de um negócio que se ampliou consideravelmente durante o período joanino, pois se estima que, naqueles treze anos, o número de escravos desembarcados no país tenha dobrado em relação à década anterior. O crescimento do tráfico negreiro deveu-se não só à expansão econômica que se verificou no período — e na qual se inclui o avanço do café pelo vale do Paraíba —, mas também à convicção dos proprietários rurais e dos donos de escravaria urbana de que, diante da pressão abolicionista britânica, o comércio de africanos tinha os anos contados. Pelo Tratado de Aliança e Amizade de 1810, entre Portugal e a Grã-Bretanha, só era permitido aos súditos portugueses o comércio de negros nas possessões de Portugal na África e, a partir de 1815, quando se assinou o Tratado de Viena, ajustou-se que o tráfico legal só se daria nas dependências que ficassem ao sul do equador.

Desde a chegada de D. João ao Brasil, tornou-se evidente que a Grã-Bretanha não sossegaria, enquanto não tivesse fim o comércio transoceânico de escravos. Havia que adquirir mão de obra cativa na África em número cada vez maior e o mais rapidamente possível, antes que se estancasse o fornecimento. E foi isso que fizeram os mercadores de gente. Calcula-se que, no correr de treze anos, desembarcaram nas costas brasileiras cerca de 400 mil pessoas escravizadas. Um número, como se vê, enorme — talvez mais de 1/10 de todos os africanos trazidos à força para o Brasil durante os trezentos anos de tráfico negreiro. Essas cifras indicam que o valor monetário da entrada de escravos ficaria perto do total das demais importações ou até mesmo, em alguns anos, a ele equivalesse.

Do importantíssimo comércio do Brasil com a África não se apropriaram, portanto, os britânicos. Esse comércio, do lado das importações, era predominantemente de escravos, mas nele se incluíam outros bens, principalmente aqueles consumidos pelos africanos e seus descendentes no Brasil, como panos da costa, azeite de dendê, malagueta, noz de cola e manteiga de carité.

Por sua vez, os escravos eram adquiridos na África com produtos brasileiros como farinha de mandioca, tabaco em rolo, búzios e cachaça, e por tecidos indianos, cutelaria e armas de fogo europeias, cauris das Maldivas e outros bens importados pelo Brasil para serem reexportados para os litorais africanos. As trocas com a outra margem do Atlântico fazem com que a farinha de mandioca e a cachaça mereçam figurar, ao lado do açúcar, do algodão e do tabaco, entre os principais itens de exportação brasileira no século XVIII e na primeira metade do XIX. E talvez já seja tempo de se considerar Angola, que respondia por cerca de 40% dos escravos descidos nos portos brasileiros, como um parceiro comercial do Brasil de importância apenas menor do que a Grã-Bretanha.

A segunda medida adotada pelo Príncipe Regente que se destinaria a alterar as relações econômicas externas do Brasil foi o Alvará de 2 de abril de 1811, que anulava legislação anterior pela qual se proibia o comércio direto entre os portos brasileiros e outros portos dos domínios portugueses. As regras do sistema colonial determinavam que as relações comerciais se dessem somente entre cada um dos domínios ultramarinos e a metrópole, a qual, por sua vez, intermediaria e controlaria as trocas entre eles. Essas regras, contudo, eram abertamente desconsideradas. Em relação à África, e sem oposição do governo português, o Brasil, havia muito, ligava-se diretamente a Cabo Verde, São Tomé, Angola, Guiné e Moçambique pelo comércio de escravos. Além disso, desde o século XVII, Angola, como se fosse uma espécie de subcolônia do Brasil, era regida pelos interesses do Rio de Janeiro e deles dependia mais do que de Lisboa.

Quando iluminamos com especial cuidado um setor do comércio exterior brasileiro durante a primeira metade do século XIX, os efeitos da Carta Régia de 1808 e do Alvará de 1811 mostram-se distintos dos que costuma apresentar a historiografia: o vaivém ininterrupto dos navios entre as costas brasileiras e os litorais da África, no período em que parecíamos prioritariamente dedicados a trazer do outro lado do Atlântico, com impiedosa violência, os que hoje temos por antepassados.

A ÁFRICA DE JORGE AMADO

O Iorubo ou Iorubalândia, a terra dos yorubás, nagôs, akus ou lucumis, ocupa, na Nigéria, a maior parte da região ao sul e ao oeste do rio Níger e, na República do Benim, uma boa porção do sudeste do país, com enclaves para o ocidente que se alongam pela área central do Togo. Esses etnônimos aplicaram-se, a partir do segundo terço do século XIX, a um conjunto de povos — abinus, auoris, egbas, egbados, equitis, ibarapas, ibolas, ifés, ifoniins, igbominas, ijebus, ijexás, ilajes, quetos, oiós, ondos, ouos, sabes, iagbas e outros mais — que falavam o mesmo idioma, embora com variações dialetais, veneravam muitos dos mesmos deuses, partilhavam a mesma cultura e se organizavam politicamente em cidades-estado, cujos heróis fundadores, segundo as tradições prevalecentes, tinham sido todos príncipes de Ifé ou dali saído.

Não faltará quem afirme que o mundo iorubano era e é ainda mais amplo: ele se prolongaria, embora de forma imperfeita ou incompleta, do outro lado do Atlântico, sobretudo na Bahia. Foi o que me disse, em 1982, o *oni* ou rei de Ifé, tido pelos seus como uma espécie de Papa dos iorubás. Ele queria comprar uma casa em Salvador, e passar ali algumas semanas por ano para refazer os contactos com uma parte de seu povo, da qual fora distanciado pelo oceano, e, com sua presença, fortalecê-la espiritualmente.

No fim do século XVIII e na primeira metade do Oitocentos, passaram a ter relevo, entre os africanos escravizados que desembarcavam na Bahia, indivíduos daqueles grupos que viriam a ser classificados como nagôs ou iorubás. O *jihad* de Usuman dan Fodio, a sublevação de Ilorin contra o *alafin* ou rei de Oió e as sucessivas guerras entre as cidades-estado iorubanas tornaram Lagos (na Nigéria) o mais importante porto de escravos do golfo do Benim e o principal parceiro africano de Salvador. Muitos dos que eram desembarcados na Bahia permaneciam na capital como escravos urbanos, e se distribuíam pelas povoações do Recôncavo Baiano. Apesar da pressão em contrário feitas pelos senhores, puderam preservar crenças, valores e hábitos que lhes eram comuns. Se adotaram modos de vida dos seus donos ou de escravos que os tinham precedido ou que chegavam de outras partes da África e podiam ser jalofos, mandingas, acãs, evés, fons, guns, mahis, baribas, nupes, hauçás, vilis, congos, angicos, iacas, ambundos, quissamas, libolos, lubas, huambos, cacondas, ganguelas, passaram a atrair muitos deles para os seus grupos e, pelo convívio e exemplo, a convertê-los às suas crenças e a iorubanizá-los.

Não era incomum que, naqueles navios que saíam quase todas as semanas de Lagos para a Bahia, viessem dois ou três comerciantes iorubás, trazendo produtos com mercado certo em Salvador, como azeite de dendê, panos da costa, nozes de cola, sabão da costa e manteiga de carité, e levando, na volta, tabaco em rolo, carne seca e farinha de mandioca. Uma ou outra vez no correr da vida, via-se um desses mercadores descer do navio acompanhado por um rapazola ou uma menina que os pais, chefes ou aristocratas ricos africanos, mandavam estudar na América portuguesa, ou por uma ialorixá, ou sacerdotisa do culto iorubano dos orixás, que fora cumprir deveres de fé na terra de origem.

Esse diálogo, que se pode qualificar de intenso entre Salvador e Lagos e que persistiu por meio século após a extinção, pouco depois de 1850, do tráfico de escravos, deu-se também entre a Bahia e os portos de idiomas *gbe*, dos quais o principal era Ajudá ou Uidá (na atual República do Benim). Tanto os chamados jejes (nome que se aplica na Bahia aos fons, evés, guns, gas, mahis, huedas e outros falantes de línguas *gbe*), que predominavam na cidade no século XVIII, quanto os diferentes povos de idiomas bantos, como os congos, os ambundos, os iacas, os angicos e os libolos, foram importantíssimos na formação da cultura baiana. Seriam, porém, os iorubás ou nagôs que se desenhariam como figurantes no primeiro plano dos cenários da mais portuguesa das cidades brasileiras. Nos meados do século XIX, em ruas e praças de uma Salvador de arquitetura tão lusitana que poderia ser transportada inteira para Portugal, as pessoas que por elas transitavam pareciam, em sua maioria, com as que se viam na africana Lagos.

Na Bahia, as crenças e os costumes iorubanos não demoraram em impregnar a vida de todos. Não apenas dos outros negros, mas também dos mestiços e dos brancos. Os quitutes e os temperos daquela parte da África tornaram-se, para os baianos, baianos. E, assim, passaram a ser considerados também pelos demais brasileiros. Mas, no processo, muitas dessas comidas se abrasileiraram, isto é, mestiçaram-se. Dona Flor — a professora de culinária que Jorge Amado trouxe, com seus dois maridos, da realidade da vida para a realidade do romance — sabia que, no preparo de um prato, o azeite de dendê e a malagueta não brigam com o óleo de oliva, o coentro, a salsa e o tomate; que a couve não expulsa o caruru e que se pode servir fubá de milho e farinha de mandioca a orixá. Nem tudo perdeu, contudo, a pureza da origem, ainda que, em nenhum momento, Dona Flor nos recorde explicitamente que o acarajé que se compra e vende nas ruas de Salvador é idêntico ao que se compra e vende em Ijebu-Ode, Ilexa ou Lagos.

Se ela não o fez, poderia tê-lo feito outra personagem de Jorge Amado, o mulato Pedro Archanjo, que parecia saber tudo sobre a África que se alongara na Bahia. A sua África era, portanto, fundamentalmente a de Jorge Amado, a África que viera com os iorubás e se abrasileirara, ao justapor-se e somar-se a outras culturas. Além disso, nem todo o Iorubo atravessara o Atlântico. Muita coisa que não tinha aceitação ou espaço na sociedade brasileira, não sobreviveu e foi descartada ou esquecida: para ficar em alguns poucos exemplos, as escarificações no rosto, as colunas esculpidas que sustentavam e adornavam as varandas das casas, o *iwofa* ou penhor de gente para garantir o pagamento das dívidas, o preço da noiva, o trompete de marfim.

Sob o impacto de novos modos de vida, também do outro lado do Atlântico o Iorubo se transformava. Na segunda metade do século XIX, britânicos e franceses dividiram-no entre si e foram impondo como modelo à gente da terra os comportamentos europeus. Na mesma época, acentuou-se o regresso do Brasil de ex-escravos que construíam nas cidades da África Ocidental sobrados como os da Bahia, vestiam-se como a elite baiana, iam à missa aos domingos, ou à mesquita às sextas-feiras, e conversavam entre si em português. Passaram a fazer parte de uma burguesia em formação, cujas maneiras não faltava quem procurasse imitar.

A religião dos orixás, que, no norte do Iorubo, já vinha, desde algum tempo, definhando sob a pressão islamita, passou, sobretudo após 1860, a perder espaço no sul para os cristãos. E de tal modo que, no período de transição da sociedade colonial para a independência, não era de bom tom afirmar-se praticante da fé tradicional. Após a independência, a não ser que fosse para condená-la, como fruto da ignorância e do atraso, e contrária ao bom entendimento das coisas e ao progresso, não se falava dela, nas classes ascendentes, a não ser em voz baixa, quase às escondidas. Só lhe ficaram fiéis os mais velhos e as aldeias e certas áreas das cidades pouco trabalhadas pelos missionários cristãos e pelos ulemás.

Na Bahia, a partir do fim da Segunda Grande Guerra, a evolução dava-se no sentido oposto. De duramente perseguida pela polícia, a crença nos orixás ampliava os seus adeptos entre os mais diversos grupos sociais, reivindicava os mesmos direitos que tinham os templos de outras religiões e adquiria respeito e prestígio. Os escritores e os artistas apossaram-se de seu panteão, e nas suas obras os orixás substituíram os deuses gregos. A gente baiana, excetuada a sua parte mais rançosa, incorporou essas divindades ao seu cotidiano e as pôs definitivamente em seu imaginário. Hoje em dia, mesmo quem nelas não acredita não se acanha em procurar saber a que deus ou deusa pertence, se é de Ogum ou de Xangô, se é de Oxum ou de Iemanjá.

Isso aconteceu paulatinamente e a romper resistências, fossem claras, agressivas ou dissimuladas. Em vários de seus livros, como *O compadre de Ogum*, *O sumiço da santa* e, exemplarmente, *Tenda dos milagres*, Jorge Amado nos conta histórias sobre esse processo, nas quais inclui como protagonistas, às vezes a bordejar a irreverência, os próprios orixás, e apresenta como decisivos, na doma dos inimigos violentos e na conversão dos descrentes, os seus milagres.

É, aliás, com a cumplicidade dos orixás que Jorge Amado nos leva para dentro da vida íntima da Bahia e nos faz partilhar dos segredos de sua arraia miúda. De uma Bahia onde a maioria dos que se dizem brancos possui algum ou mais de um antepassado negro, e dos tidos por negros, pelo menos um bisavô ou trisavô branco, e onde, a imitar os romances de Jorge Amado, o sobrenatural dá a mão ao corriqueiro, ou, quando menos, divide com ele o mesmo espaço. Nessa Bahia que se tem como uma continuação do Iorubo cabem, porém, outras regiões da África e o que delas veio não só continua vivo, mas em constante desenvolvimento. Como a capoeira, por exemplo, que teria origem no sul de Angola.

Se os orixás iorubanos parecem corresponsáveis pelo desenrolar de tantos enredos de Jorge Amado, em suas narrativas ele não se esquece dos voduns jejes, dos inquices ambundos nem dos caboclos encantados ameríndios adotados pelos candomblés ou religiões de origem africana. Embora ateu, Jorge Amado convivia devota e afetuosamente com essas entidades sagradas, assim como acarinhava as manifestações do catolicismo popular de tradição portuguesa, só tendo palavras boas para os que amarravam as almas a fim de ganhar na loteria ou punham de cabeça para baixo a imagem de Santo Antônio até que este lhes consertasse um desencontro amoroso.

Desiludido com os africanos da geração que fez as independências, porque punham de lado as tradições africanas, como se as considerassem adversárias ou as quisessem esquecer, Pierre Verger dizia para os amigos que a África se mudara para o Brasil. Ainda que a frase não seja inteiramente verdadeira, poder-se-ia dizer que a África, ao se mudar para o Brasil, se instalou nos romances de Jorge Amado, que jamais a visitou, mas parecia conhecer-lhe os mistérios e dela sentir falta.

A sua África, ou, melhor, o seu Iorubo, é a Bahia dos descendentes de africanos escravizados, e não só das ialorixás ou mães de santos majestosas. A capital desse Iorubo baiano é a Salvador que se gaba de ter 365 igrejas, a Salvador dos bairros populares, do cais, da zona boêmia, dos botequins, das casas de pasto e do Mercado, onde se vendem as comidas vindas da África ou recriadas no Brasil com ingredientes de origem africana; a Salvador das ruas antigas com seus sobrados, suas portas e janelas, suas meias-moradas e suas moradas-inteiras maltratadas pela pobreza, pelo descaso e pelo tempo — uma Salvador que, sendo de pedra, tijolo, cimento, adobe, taipa e sopapo, é também de invenção e sonho.

UM ABC DA ESCULTURA AFRICANA

Foi em 1974 que li *African Art,* de Frank Willett, pela primeira vez. Eu flanava por Madri, quando dei com o livro numa montra e apressei-me em adquiri-lo, porque o nome de Frank Willett cantava em minha memória como o autor de *Ife in the History of West African Sculpture,* uma obra da qual, havia pouco mais de um ano, saíra deslumbrado. Não esperava repetir o encantamento, pois o livro que acabara de comprar parecia ter outro endereço: ajudar-nos a melhor ver, compreender e estimar a arte africana. E esta, como quase tudo que recebia das praias opostas às da minha infância, me fascinava.

Confesso que, então, eu ainda me surpreendia mais interessado em entender as funções que exercia determinada escultura na vida de uma sociedade africana do que no ineditismo, riqueza e intenções de suas formas. Demorava-me diante dela com o mesmo tipo de olhar de um historiador que, feliz com o fato de haver Velazquez registrado na tela uma das poucas vitórias da Espanha na chamada Guerra dos 80 Anos — a rendição da cidade de Breda —, deixasse escapar de sua atenção a beleza do repouso vertical das lanças. Confesso o pecado, mas sem cometer outro: o de esquecer que as lanças erguidas para o alto expressam a vitória de quem recebe do vencido as chaves da cidade — e ajudam a tornar inteligível a pintura.

Como sobejamente demonstrou Erwin Panofsky, saber do que trata um quadro, quem são as suas personagens e em que momento do enredo ficaram imóveis enriquece a nossa percepção dessa pintura como obra de arte. De modo semelhante, estar ciente de que certa máscara africana preside as cerimônias de iniciação dos adolescentes, não pode ser vista pelas mulheres ou representa um personagem cômico, aprofunda a emoção que em nós provoca, ao ampliar o entendimento que dela temos. Mas há que estar atento para que a relevância etnográfica não tome o lugar do sentimento estético.

Diante de uma escultura africana — uma imagem em madeira de antepassado, retirada de um santuário doméstico, por exemplo —, fomos intimados, durante algum tempo, a não limpá-la da crosta com que repetidos sacrifícios a foram cobrindo porque essa massa ressequida de poeira, álcool e sangue atestaria que a peça foi usada ritualmente e, portanto, seria autêntica. Creio que essa prática, na qual o acaso das libações prevalecia sobre as intenções do artista ao alisar a madeira, deixou de ser recomendada ou saiu de moda, até porque os conceitos de autenticidade, originalidade e cópia, como nos mostra Frank Willett, passaram a ter outro desenho no universo da criação e recepção da arte africana.

Em pouco mais de cem anos, mudaram-se várias vezes as percepções do lugar e da importância das obras e dos artistas africanos naquilo que podemos chamar de museu imaginário do Ocidente. De início, quase não se reservava para o que se produzira e continuava a produzir-se na África mais do que um pouco do espaço dedicado ao excêntrico, ao curioso, ao esdrúxulo e, até mesmo, ao rudimentar e ao grotesco. Mas é certo, por outro lado, que já no começo do Novecentos, a escultura africana fora acolhida com entusiasmo por alguns jovens artistas europeus, que nela viram o exemplo, quando não a inspiração e o modelo, para traçar o rumo de suas próprias criações. Esses artistas, que se tornariam os grandes nomes do século XX — e falo de Vlaminck, Derain, Matisse, Kirchner, Picasso, Braque, Juan Gris, Brancusi, Lipchitz e Modigliani —, repetiram o que se passara, séculos antes, com Donatello, Luca della Robbia, Sansovino e outros italianos do alvorecer do Renascimento, ao redescobrirem a Grécia Antiga: mudaram a direção das artes plásticas do Ocidente.

Talvez por isso, o maior ou menor entusiasmo pela escultura africana ficou vinculado à recepção do que se chamou de Arte Moderna, e esta demorou a ser aceita pelo grande público. À medida, porém, que passamos a merecer Picasso, deixamos de estranhar que, ao lado de um de seus quadros, se pusesse, em pé de igualdade, uma das placas de bronze arrancadas pelos britânicos, em 1897, das colunas do palácio do obá ou rei do Benim, a mostrar o soberano, de semblante feroz, vestido e armado para a guerra; ou uma estatueta de ancestral hemba, cujo corpo, reteso, completa a serenidade da face, que parece aos nossos olhos (e estes provavelmente nos enganam) ter saudade da vida; ou, ainda, uma máscara songie, que, com o rosto coberto de lanhos coloridos, uma crista a prolongar-se em nariz, dois meio cilindros a serviram de olhos e um cubo a fingir de boca, nos causa a sensação de descer de um pesadelo.

Quando ainda se considerava um atrevimento avizinhar essas obras vindas da África das que se produziram na Europa, seriam poucos os que hesitariam em pôr em salas contíguas esculturas do Quatrocentos florentino e as cabeças em cerâmica e em ligas de cobre que se fizeram em Ifé, no sudoeste da Nigéria, entre os séculos XII e XVI, pois essas últimas, de um realismo regido por um ideal de serenidade e beleza, poderiam facilmente ser incluídas na tradição artística que vem do Egito, se afirma na Grécia, se prolonga em Roma e se consolida na Itália renascentista. E de tal modo foram assim percebidas, que Leo Frobenius, que primeiro as encontrou, em 1910, num bosquete dedicado a Olocum, o deus do mar, as vinculou à mítica Atlântida. E houve quem apostasse, quando ainda não haviam sido datadas pelos métodos do radiocarbono e da termoluminescência, que seriam obras de um escultor da Grécia antiga que os azares da navegação para ali tivessem levado — ou dele e de seus discípulos.

Não deixa de estimular a imaginação — e ainda mais a fantasia o não terem sido descobertos até agora os antecedentes dessas esculturas que se poderiam emparelhar com as de criação mediterrânica, nem encontrado explicação para o seu súbito desaparecimento mais convincente do que a da tradição segundo a qual um novo *oni* ou rei mandou executar todos os escultores que havia na cidade, para que não se voltasse a ocultar, como se fizera com o seu antecessor, o falecimento de um soberano, com a sua substituição por uma imagem esculpida com vocação de retrato.

As esculturas de Ifé aparecem com o enredo truncado, no longo e rico recitativo da história oral de uma cidade que se tem como a Roma dos iorubás, o centro de difusão das estruturas políticas das cidades-estado iorubanas, o lugar onde surgiu o homem e o umbigo do mundo. Dela, a acreditar-se nas tradições do reino edo do Benim, teria este recebido a escultura em ligas de cobre e a técnica da cera perdida. Um obá do Benim, de nome Oguola, teria solicitado ao *oni* de Ifé um escultor que fosse capaz de ensinar aos edos a trabalhar o bronze. O *oni* mandou-lhe Iguega, que criou escola e é venerado, no Benim, como se fosse uma divindade.

Se os artistas do Benim aprenderam com os de Ifé, talvez no século XV, talvez no XIV, as técnicas da escultura em metal, não lhe seguiram as lições estéticas. Suas placas em relevo e suas imagens em redondo expressam um sentimento das formas que as contrariam. Enquanto as figuras de Ifé são modeladas de modo suave, raso, a evitar os contrastes, as do

Benim procuram acentuá-los com fortes saliências e fundos recessos. E, se aquelas buscam a permanência do instante, essas aspiram ao movimento.

    A continuidade da escultura em metal no reino do Benim — onde, até hoje, os escultores, organizados em confrarias, fundem placas comemorativas e imagens em bronze — permitiu que se construíssem hipóteses sobre a história, ao longo de vários séculos, não só dessa arte, mas também, ao se compararem as roupagens, adornos, símbolos e armas que nela figuram, da própria sociedade que a produziu. Continuamos, no entanto, a saber nada ou quase nada sobre as esculturas que se faziam no Benim antes de Iguega e do influxo de Ifé, bem como sobre o que delas persistiu, ao passar o artista da madeira, que era possivelmente, sua matéria-prima, para as ligas de cobre e a técnica da cera perdida.

    A grande dificuldade em esboçar-se o passado das artes africanas reside exatamente na falta de peças feitas em madeira há mais de cinco ou seis gerações. No entanto, uma escultura em madeira tão requintada quanto a dos lubas e a dos quiocos tem necessariamente de ter uma longa história. Mas dessa história não possuímos testemunhos materiais. Na África subsaariana, a arqueologia revelou conjuntos excepcionais de obras antigas em pedra, cerâmica e metal, como as cabeças em barro de Nok, datadas desde o século X a. C.; os elaboradíssimos bronzes de Igbo Ukwu, que seriam da mesma época dos de Ifé; os monólitos a representar figuras humanas, erguidos no rio Cross desde o início do Quinhentos. Já os exemplos em madeira desapareceram, castigados pela umidade, pelas térmitas, pelo fogo, pelo uso e pela intolerância religiosa dos ulemás muçulmanos e dos missionários cristãos — e, no entanto, foi na madeira que se expressaram prioritariamente os artistas africanos.

    Em pouquíssimos lugares, peças em lenho resistiram à destruição. Nas escarpas de Bandiagara, por exemplo, de clima muito seco e chuvas raras. Diz a história oral dos dogons que, ao lá chegarem, na metade do segundo milênio, expeliram a população telem, e que esta, ao abandonar a região, deixou em várias cavernas numerosas imagens de madeira alongadas e de braços erguidos como se estivessem a convocar a chuva. As mais antigas poderiam ter sido feitas entre os séculos XII e XV; as mais recentes são de nossos dias, porque os dogons adotaram as estatuetas telens e continuam a fazê-las.

Em quase toda a África subsaariana é entre sombras que continuamos a imaginar a evolução da escultura antes do Oitocentos. Com poucas exceções, os relatos dos viajantes árabes e europeus, escritos ao longo de vários séculos, se ricos de informações sobre as diferentes estruturas políticas, os rituais de corte, as relações sociais, os costumes das aldeias, os mercados, as vestimentas e os penteados, silenciavam sobre as esculturas que viam na África, menosprezavam-nas por disformes, feiíssimas e grotescas, ou as condenavam em nome da fé.

O reconhecimento da maestria técnica era raro. Deu-se, por exemplo, quando os portugueses se renderam, no fim do século XV, à delicadeza com que os sapes da Serra Leoa trabalhavam o marfim, e passaram a encomendar-lhes peças em que o saber fazer e a sensibilidade dos africanos se aplicavam a objetos de uso na Europa. Trompas de caça, cibórios, saleiros, compoteiras, colheres e garfos, esculpidos com excepcional felicidade pelos sapes, e que até hoje nos dão lições de luminosa beleza, eram exibidos nas residências da aristocracia europeia, que os adquiria por alto preço.

É de crer-se que portugueses, italianos, franceses e ingleses tivessem acesso aos artistas que produziam esses marfins e lhes fizessem diretamente os encargos. Saberiam que se organizavam em oficinas, com mestre e discípulos. E não demoraram a compreender, por exemplo, que, entre alguns dos povos da Alta Guiné, os escultores pertenciam a uma casta endogâmica, venerada, desprezada, invejada e temida. Eles, e os ferreiros, e os *griots* (que eram, a um só tempo, jograis, poetas, músicos e historiadores), ocupavam espaços quase fora da sociedade, por causa do poder que detinham e de que davam prova ao transformar o solo laterítico em instrumentos de ferro, ao fazer imagens com as árvores que abrigavam espíritos, ao mudar, em suma, as formas do mundo. Eram indispensáveis, mas também perigosos, porque dominavam o fogo, o barro, a madeira e as palavras.

Mesmo onde o escultor não pertencia a uma casta, os saberes de seu ofício se transmitiam de pai a filho. Ou de tio a sobrinho. Há registro, em diversas partes da África, de linhagens de artistas desde o século XIX até os nossos dias. E certas imagens por eles criadas se repetem de geração em geração. Entre muitos povos, um escultor não ousaria mudar as formas com que o pai, a imitar o avô, fez de um antepassado. Na representação deste, não alterava o jogo de volumes e vazios, a postura do tronco, a posição dos braços, o dobrar das pernas, a serenidade ou a tensão do rosto; sua ambição era repetir a imagem de modo cada vez mais perfeito. No correr da vida, podia criar uma centena dessas esculturas, todas parecendo idênticas, mas cada uma delas diferente das demais, porque feita em um momento distinto na busca da essência de um grande ancestral.

Nem sempre um escultor seguia uma única tradição. Ele podia trabalhar em diferentes estilos. Fazer, por exemplo, três ou mais tipos de máscaras, para atender a diversas demandas. E pertencer a uma cultura que, embora apegada a seus cânones, não desprezava ou até estimava, em alguns casos, a novidade e a inventiva. Entre os iorubás, os artistas que talhavam na madeira as máscaras da sociedade gueledê, repetiam e continuam a repetir o mesmo modelo, de fronte fugidia, olhos grandes, amendoados e salientes, com as pupilas furadas, nariz chato de narinas abertas, lábios grossos e queixo levemente prognata. As cabeças repetem-se, a seguir as normas tradicionais, mas sobre cada uma delas, como se fosse um chapéu, se desata, livre e soberana, a imaginação. Esta cabeça ostenta uma série de volutas, a imitar um elaboradíssimo penteado. Esta outra sustenta uma plataforma, onde caçadores encurralam um leopardo. Nesta terceira, mulheres lavam roupa e a estendem para secar. Cada artista quer ser original, irreverente ou criativo, ao fazer uma máscara gueledê, mas é com um espírito inteiramente distinto, a seguir rigorosamente as regras, que esculpe a imagem de um orixá para um santuário local.

Onde dois povos se tocavam, não seria de estranhar-se que os seus artistas mutuamente se influenciassem. Uma aldeia podia encomendar a imagem de um de seus deuses lares a um artista de prestígio de uma gente vizinha. Esse deveria esculpir de acordo com o modelo e as exigências do cliente, mas, ainda que não o desejasse, acabava por deixar na peça alguns traços de seu estilo grupal ou pessoal. Explicar-se-iam assim, por exemplo, certas esculturas bamanas talhadas à maneira senufa. E não se afaste a hipótese de que alguns artistas emigrassem de uma nação para outra, a convite ou por iniciativa própria, que recebessem aprendizes vindos de longe ou tivessem escolhido uma vida errante e andassem de terra em terra a vender os seus serviços. Assim poderiam ter-se difundido os estilos lubas e quiocos em Angola.

Os grandes artistas eram conhecidos e admirados, embora, entre povos sem escrita, os seus nomes pessoais não demorassem a morrer. Eram conhecidos e admirados do mesmo modo que os mestres tamborileiros e os grandes curandeiros, lutadores, atletas e dançarinos. Só a partir da segunda metade do Oitocentos, alguns dos seus nomes e das oficinas a que pertenciam passaram a ser anotados e guardados, seguindo-se, já no século seguinte, os primeiros esforços para identificar numa peça de alta qualidade o que nela se devia à força da tradição e o que fora o sopro do talento individual.

A grande diversidade de temas e formas na escultura africana foi uma das razões do entusiasmo que por ela demonstraram, desde os últimos anos do século XIX, os artistas do Ocidente. Na África subsaariana — ficaram sabendo —, viviam centenas de povos com idiomas, histórias e culturas distintas. Alguns mal chegavam a alguns poucos milhares, mas outros compreendiam dezenas de milhões e podiam dividir-se por várias subculturas. Não era incomum que a gente de uma aldeia tivesse padrões de comportamento até conflitantes com outra que lhe ficava a trinta quilômetros de distância, nem que, dentro de um mesmo reino ou miniestado, o grupo dirigente, tido por estrangeiro, seguisse valores e modos de vida distintos do resto da população. Podia até mesmo não ter os mesmos deuses e conviver com os antepassados de modo diferente.

Sendo tão numerosas, em decorrência da multiplicidade de culturas, as formas que assumem as imagens das divindades e dos ancestrais, assim como as máscaras que garantem a ordem e o equilíbrio do mundo, poderia parecer uma luta perdida armar uma teoria ou compor uma história da escultura africana. Felizmente, Frank Willett não pensava assim e pôs à nossa disposição, em *African Art,* um grande número de perguntas, hipóteses, exemplos e enredos, para ajudar a nossa imaginação a entender como os artistas africanos tentaram pagar com a beleza por eles criada a beleza do mundo. E nisto estão até hoje, e não só os que trabalham com os temas, as técnicas, os instrumentos e os destinatários tradicionais, mas também aqueles que respondem com vigor e excepcional originalidade às mudanças do mundo.

O IMPÉRIO, POR DESPEDIDA

O meu antepassado que vivia no Maranhão, na segunda metade do século XVIII, não ignorava que podia servir ao seu rei em Salvador, Marvão, Luanda, Macau ou Goa. Sabia-se parte de uma comunidade que ultrapassava o que tinha por horizonte. Já nós, nos dias de hoje, talvez por nos parecer evidente, mostramo-nos distraídos para o fato de ter sido o Brasil, durante mais de três séculos, parte de um império — de um império fragmentado, imperfeito e débil, mas de um império —, o que fazia com que as nossas fronteiras não ficassem em nosso continente nem parassem no nosso litoral: iam, ao norte, até os Açores e o rio Minho, e a leste, até Macau. Se não se ausenta jamais de nós a consciência de que os sucessos na Metrópole nos regiam, ou, quando menos, afetavam, e de que os acontecimentos brasileiros — perdoem-me o anacronismo — lá repercutiam, quando não lhe alteravam a vida, tendemos a nos concentrar naqueles momentos de aceleração, mudança ou ruptura — como o descobrimento do ouro em Minas Gerais ou a invasão napoleônica e a descuidar do fluir do dia a dia. E deixamos de ter presentes as vinculações diretas entre os demais pedaços espalhados do império, vinculações estas que podiam ser tão intensas que o sucedido num deles influía nos outros e até lhes determinava o comportamento. Assim, por exemplo, ao longo dos séculos XVII e XVIII, os interesses do Brasil e, com mais precisão, os do Rio de Janeiro, comandavam de tal modo Luanda e os territórios que dela dependiam, que era dentre os moradores do Brasil que a Metrópole recrutava muitos dos governadores de Angola. E era de Salvador que se marcava o ritmo do comércio com o pequenino, mas importantíssimo para o Brasil, forte de São João Batista de Ajudá.

Não ignoramos como de Goa se governava ou tentava governar Moçambique, nem como atuavam os canarins que foram comerciar na Zambézia. Mas estamos ainda à espera de que se conte a história de como se interinfluenciavam e entreteciam os acontecimentos da Metrópole, da Índia portuguesa, de Angola e do Brasil, bem como o enredo individual daqueles que passaram os seus dias a mudar de terras e de oceanos. Pois homens do Brasil foram trabalhar para a Coroa em Moçambique e na Índia, passando antes, muitas vezes, por Lisboa, Guiné, Cabo Verde, São Tomé ou Angola. E goeses e cabo-verdianos fizeram percursos semelhantes antes de chegar ao Brasil. Ameríndios serviram como soldados em Angola. E escravos embarcados nos mais diversos pontos da África — e adquiridos com cachaça e tabaco do Brasil, panaria de Cabo Verde e da Guiné, algodões de Goa e sedas de Macau — não pararam de descer, durante mais de trezentos anos, em terras brasileiras e por elas se espalharam.

Nem todos andaram a peregrinar pelos mares e pelas terras do império como funcionários ou militares, nem se foram de uma para outra como trabalhadores forçados. Houve os que saíram por conta própria em busca do enriquecer na aventura. E os que resolveram mudar para outro sítio as suas empresas, como os que levaram de São Tomé para o Brasil as suas mudas de cana, os seus engenhos e os seus escravos, já depois que de lá para cá tivessem emigrado os seus modelos e técnicas de produção. E houve até mesmo alguns ex-escravos que passaram os seus dias de liberdade num ir e vir de mercadores pelo Atlântico. E os que trocaram de papéis, e até os inverteram, na travessia, e régulos, chefes e homens livres africanos que se voltaram em militares no Brasil, e degredados brasileiros que se tornaram juízes na África.

 O quotidiano de cada um desses tratos de terra que formavam um império, distantes uns dos outros pela demora das viagens, se foi alterando, ao longo dos séculos, ao influxo do movimento livre ou forçado de pessoas, um movimento que naturalmente se acompanhava pelo de animais, plantas, objetos, formas de vida familiar e modos de comportamento na cozinha, na varanda, na sala, no quarto e na rua. Quem se engajava num navio em Macau, em Diu, no Príncipe, em Santiago, no Recife ou em Cacheu podia descer em qualquer porto do império após cumprir o seu contrato. Ao fazê-lo, levava consigo a muda de uma planta ou o caroço de um fruto para plantar no seu novo quintal, ou um utensílio de trabalho, ou um instrumento de música, ou um saber fazer novo, e as histórias e os brinquedos de sua meninice, e a sua maneira de vestir, de comer, de acomodar-se aos outros, que dele eram diferentes, de usar o ócio, de dividir o dia, de compreender o mundo, de entender-se com Deus, ou com os deuses, e de sonhar. Durante todo esse tempo, encostaram-se, somaram-se, ajuntaram-se e até se confundiram, nas terras banhadas por dois oceanos, o Índico e o Atlântico, distintos modos de vida; mudaram-se gostos e jeitos de ser; impregnaram-se de África e de Ásia as casas portuguesa e brasileira, e de Europa e de América as moradas angolanas, cabo-verdianas, guineenses, moçambicanas, são-tomenses e timorenses, a tal ponto que nos esquecemos, não só aqui mas também do outro lado do mar, de que a canja era um prato indiano, a farinha de mandioca, uma comida tupi, e de que foi na China que aprendemos a empinar pandorgas, pipas ou papagaios de papel.

 Há muito por contar-se sobre as permutas que se fizeram ao longo do grande arco que vinculava Macau a Lisboa. Uma história que exige a multiplicidade das perspectivas. Não basta que saibamos quão diferentes foram as declarações de guerra, em 1665, de D. Antônio, rei do Congo, e de André Vidal de Negreiros, chefe dos portugueses; cumpre que aprendamos a ler cada uma delas com os olhos de ambos os contendores e também com os dos régulos dembos e os do jaga de Matamba.

Da Guiné vê-se Cabo Verde de um ângulo distinto do de Portugal. E do Brasil ainda mais, até porque, até quase os nossos dias — ou melhor, até os primeiros quinze anos da segunda metade do século XX, quando os progressos da técnica, e em especial o avião a jato, dispensaram a escala cabo-verdiana para reabastecimento nas viagens transatlânticas —, o arquipélago funcionou como traço de união entre o Brasil e a Europa. Ainda está por fazer-se o inventário das influências recíprocas entre o Brasil e Cabo Verde — influências que, à primeira vista, foram muitas e intensas, até no plano literário, com a presença do Modernismo brasileiro e sobretudo do regionalismo nordestino nos escritores de *Claridade* — e ainda está também por escrever-se a crônica do recrutamento de marinheiros cabo-verdianos pela marinha mercante brasileira e de como depois ancoravam em famílias do Recife, bem como a dos marujos brasileiros que se deixavam ficar no arquipélago.

Também está a merecer que se relate com pormenores, e de diferentes pontos de observação, como era, em São Tomé, o duro aprendizado dos escravos das mais distintas origens que já chegavam às Américas ladinos, isto é, acostumados às abominações e às exigências dos brancos e a se expressarem em português ou, quando menos, no *pidgin* ou crioulo que, no grande porto negreiro de Cartagena de Indias, se conhecia como "língua de São Tomé".

A entrelaçar-se com a história de matrimônios de culturas corre outra, conflituosa, destruidora, perversa. Como o dos outros povos, o nosso passado não está despido de crueldade, e precisamos conhecê-lo também pelos enfoques dos outros, para dolorosamente melhor aprender a com ele nos reconciliar. Sabemos que a nossa é feita de conflitos e violência — a começar pela violência que a marca quase que de ponta a ponta: a escravidão racial, com suas sequelas. Mas, como a história de outros povos, ela também possui áreas luminosas, e seus encontros venturosos e criações afortunadas fazem com que ela não seja, como escreveu o poeta, só remorso.

LAGOS, NIGÉRIA

Em 1.º de outubro de 1960, a Nigéria tornou-se um país independente. Eu me encontrava lá, acompanhando o Embaixador Francisco Negrão de Lima, representante do Brasil nas cerimônias. E estava fascinado com o que via, a confirmar ou desmentir o que recebera dos livros. Desde o momento em que desci do avião, fui tomado pela sensação de que havia entrado naquele desfile dos Reis Magos que Benozzo Gozzoli pintou na capela dos Medicis, em Florença. Com suas vestes amplas e esvoaçantes, de leses, sedas, veludos e damascos, e seus gorros e turbantes bordados, a comissão de boas-vindas humilhava os nossos ternos cinzentos, que nos pareceram feiíssimos, e não só quando contrastados com essas roupas de gala, mas também com as de estampado de algodão das pessoas que enchiam as ruas, e falavam em voz alta, e trocavam abraços, em meio a estrondosas risadas. Lagos parecia ter saído toda de casa, porque ninguém queria perder a festa — pensei. Mas enganei-me, como verifiquei nas viagens que faria à cidade, nos anos seguintes: a gente de Lagos passava a vida na rua. Em azáfama e alegria. Vendendo e comprando. Na frente das lojas e das casas, nos espaços entre os edifícios, no correr das avenidas e nas travessas acumulavam-se as barracas com todo o tipo de mercadorias: do último tipo de motocicleta a garrafinhas com amendoim torrado, de sapatos a malagueta moída e seca. Quando, em 1979, fui morar em Lagos, as ruas estavam tomadas por multidões como nunca vira antes e para as quais — assim me parecia — comerciar era da essência do viver. A cidade era um enorme mercado que chegava até as praias, onde os vendedores passavam entre os banhistas a oferecer camarões, champanhe, rádios portáteis, bolsas italianas, legumes e frutas.

A cidade era feia, mas o espetáculo que nela se desenvolvia, belo e estonteante. Nele mergulhamos, minha mulher e eu, de alma inteira. E logo percebemos que não nos tratavam como *oibó*, ou branco. Pertencíamos a outro grupo: o brasileiro. Um menino explicou-nos com candura: não cheirávamos a podre como um europeu e na vida diária o nosso comportamento era semelhante ao dos seus. Durante quatro séculos, no Brasil, os africanos e os seus descendentes se acaboclaram, e os europeus e seus descendentes se africanizaram. Nas várias vezes que percorri a estrada litorânea entre Lomé e Lagos, senti-me na costa do Nordeste brasileiro. A intensa troca de vegetais entre as duas margens do Atlântico e a migração forçada de africanos para o Brasil moldaram uma paisagem comum de coqueirais e casas de sopapo, na frente das quais, nos dois lados do oceano, podíamos ver senhoras curvadas a varrer o terreno com um feixe de gravetos. Para completar a semelhança, sucediam-se à margem da estrada as vendas de duas portas, os botequins, os albergues e as oficinas mecânicas estampando nas fachadas em letras grandes os nomes de seus proprietários. E alguns destes eram: Souza, Barbosa, Da Silva, Campos, Medeiros, Rocha, Martins e outros apelidos de família herdados de comerciantes que se instalaram na borda do golfo do Benim ou, na maioria dos casos, de ex-escravos que retornaram à África.

Já na breve estada em outubro de 1960, eu me emocionara ao visitar o bairro brasileiro de Lagos, o Brazilian Quarter, com seus sobrados e casas térreas que poderiam estar no centro antigo do Rio de Janeiro. Nas visitas seguintes, comoveu-me conhecer algumas dessas pessoas que, sendo nigerianas, se identificavam também como brasileiras, *amarôs*

DIREÇÃO EDITORIAL
Daniele Cajueiro

EDITORA RESPONSÁVEL
Janaína Senna

EDIÇÃO DE TEXTO
Maria Helena Rouanet

PRODUÇÃO EDITORIAL
Adriana Torres
Mariana Bard
Laiane Flores

REVISÃO
Bárbara Anaissi
Luíza Côrtes

DIAGRAMAÇÃO
Futura

Este livro foi impresso em 2021
para a Nova Fronteira.

ou *agudás*, do mesmo modo que outras se afirmavam ibos, iorubás ou hauçás. Durante os três anos que passei em Lagos, aprendi que essa e outras cidades do golfo do Benim continuavam em Salvador e que a Bahia se prolongava na África Ocidental. Mas aprendi também que, embora tivéssemos tantos traços de semelhança, éramos diferentes. Se tomei tento nas parecenças, apaixonaram-me as diferenças.

Raro era o meu dia em Lagos sem surpresa, aventura ou descoberta. O espetáculo das culturas era fascinante, rico e complexo, mas exigia cuidados de quem dele quisesse participar. Diante de uma determinada situação, o comportamento recomendado por um edo podia ser tomado por um ijó como despautério ou grosseria. Quase sempre, porém, as gafes não tinham maiores consequências porque os nigerianos, qualquer que fosse a sua língua e cultura de berço, perdoavam, às gargalhadas, os equívocos dos estrangeiros.

Não poucas vezes senti-me entrar na história ou puxei o passado para o meu arredor. A Nigéria tivera os seus costumes e valores recosturados pelo colonialismo britânico, mas os povos que a formavam se apegavam aos seus dias antigos. As tradições persistiam ou ressurgiam com força nas circunstâncias mais inesperadas. Com a república federativa e o governadores dos estados eleitos, por exemplo, coexistiam emires, ob e outros reis, que exerciam formas de poder próprias e eram obedeci e venerados por seus súditos. Visitá-los em suas cortes era experime sensação semelhante à que senti quando, em 1960, cheguei pela pri vez à Nigéria: a de que era possível manter vivo, num mundo ca mais uniformizado, o que fazia cada povo diferente.